개정판

R과 Python을 활용한 통계계산

허명회 지음

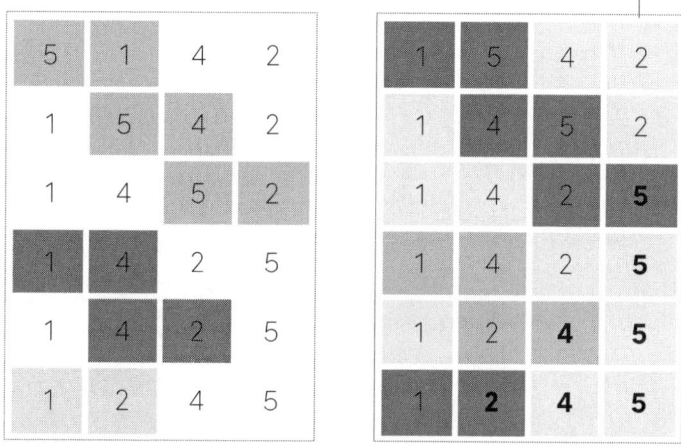

자유아카데미

머리말

몇 개의 단순한 작업 단계를 조합하여 복잡해 보이는 수치적 문제를 해결할 수 있습니다. 하물며 인간보다 빠르고 오류가 적은 기계로 해낼 수 있습니다. 기계학습은 인공지능을 가능하게 하는 기반이며 통계계산이 그 중추에 있습니다.

통계학 전공 교과에는 계산 문제가 편재되어 있습니다. 이것을 체계화하고 깊이 있게 다루기 위하여 많은 대학에서 통계계산(statistical computing)이라는 교과를 개설합니다. 이 책은 2013년에 고려대학교 학부과정에 개설된 통계계산 방법론의 강의를 기초로 써진 것으로 최신의 트렌드를 반영하여 개편하였습니다.

이 개정판은 몇 가지 포인트에 초점을 맞추고 있습니다. 첫째, 계산 알고리즘을 개념적으로 설명하는 데 그치지 않고 R과 Python 언어로 코딩하였습니다. 이러한 접근은 수리적 사고(思考)의 방향이 수식(formula)에서 알고리즘(algorithm)으로 옮겨가는 이 시대에 가치가 큽니다. 둘째, 통계학 커리큘럼에서 핵심인 몬테칼로 방법들을 보강하였습니다. 그런 이유로 몬테칼로 적분(8장)과 MCMC(9장)를 추가하였고 재표집 방법(10장)을 보완하였습니다. 또한 반복계산이 요구되는 일반화선형모형(11장)과 군집화(12장)를 새로 넣었습니다. 셋째, 학습동기 유발과 탐구적 학습의 진작을 염두에 두었습니다. 앞으로는 많이 아는 사람이 아니라 스스로 능동적인 학습을 하는 사람들이 좋은 평가를 받게 됩니다. 이 책을 교재로 채택하시는 교수님들께는 강의를 조금 줄이고 대신 학생들의 탐구 학습을 지도해주시고 발표에 시간을 할애하시길 당부 드립니다.

이 책에서 계산도구는 데이터과학에서 손꼽히는 두 언어인 R과 Python입니다. 모든 알고리즘을 직접 코딩하였고 내장함수(built-in functions)와의 연계를 꾀하였습니다. R과 Python 중 하나로도 이 책을 학습할 수 있습니다. 교재에 제시된 R과 Python 스크립트는 출판사 홈페이지(http://www.freeaca.com) 자료실에 올려져있습니다. “copy and paste” 및 단순한 편집으로 응용이 가능합니다.

이 책으로 독자 여러분 모두가 계산의 즐거움을 알게 되고 계산 역량이 성장하길 바랍니다.

허 명 회 (stat420@korea.ac.kr), 2024년 3월

차 례

1장. 계산의 기초

R의 컴퓨터 정수와 실수

수학적으로 정수는 $0, \pm 1, \pm 2, \pm 3, \cdots$ 등으로 무한하지만 컴퓨터에서의 정수는 유한하다. 어느 컴퓨터에서나 한정한 수의 비트로 정수를 표현해야 하기 때문이다. R 시스템에서는 정수를 나타내기 위해 32개 비트를 쓴다. 그러므로 R에서 나타낼 수 있는 가장 큰 양의 정수는 부호에 배정된 1개 비트를 제외한 31개 비트가 모두 1인 2진법수 $111 \cdots 1$, 즉 $2^{31}-1\,(=2{,}147{,}483{,}647)$이다.

```
> .Machine$integer.max
  [1] 2147483647
```

수학적으로 실수는 구간 $(0,1)$에서도 무한히 많지만 컴퓨터에서의 실수는 그렇지 않다. R 시스템에서는 32개 비트의 2배(double)인 64개 비트로 1개의 실수를 나타내는데 64개 비트 중 53개는 부호와 유효숫자(significant digits)에 배당되고 11개 비트는 지수(exponent)에 배당된다. 즉, 실수 x를

$$x \;=\; \pm\underbrace{.d_{-1}d_{-2}d_{-3}\cdots}_{significant\ digits}*2^{k}, \qquad k:\ \text{exponent}$$

의 형태로 나타낸다. 그리고 지수 k의 최대값은 2진법으로 $1000\cdots0\,(=1$ 다음에 10개의 0이 있는 수)인 $2^{10}\,(=1{,}024)$이다. k의 최소값은 $-1{,}022$이다.

```
> .Machine$double.max.exp
  [1] 1024
> .Machine$double.min.exp
  [1] -1022
```

이에 따라 R 시스템에서 $2^{1023}\,(=8.988466\cdot10^{307})$을 나타내는 데는 문제가 없

다. 그러나 유효숫자로 표현되는 수는 1보다 작으므로 2^{1024} $(=1.797693 \cdot 10^{308})$ 이상의 실수를 나타낼 수 없다. 따라서 2^{1024} 이상의 수는 무한(Infinity, `Inf`)으로 간주되고 -2^{1024} 이하의 수는 음의 무한(`-Inf`)으로 간주된다.

```
> .Machine$double.xmax
  [1] 1.797693e+308
> 2^1023
  [1] 8.988466e+307
> 2^1024
  [1] Inf
> -2^1024
  [1] -Inf
```

지수 k의 최소값은 $-1{,}022$이므로 컴퓨터에서 표현가능한 0에 가장 가까운 수는 2^{-1022} $(=2.225074 \cdot 10^{-308})$이다. 절대값이 이보다 작은 수는 0으로 간주될 가능성이 있다.[1)]

```
> .Machine$double.xmin
  [1] 2.225074e-308
> 2^-1022
  [1] 2.225074e-308
```

컴퓨터 계산에서는 '아주' 큰 수와 '아주' 작은 수의 곱을 피해야 한다. 예를 들어

1) 그러나 다음을 보라. 실제로 2^{-1074}까지 계산이 된다. (그 이유가 뭘까?)

```
> 2^-1022
  [1] 2.225074e-308
> 2^-(1022+1)
  [1] 1.112537e-308
> 2^-(1022+51)
  [1] 9.881313e-324
> 2^-(1022+52)
  [1] 4.940656e-324
> 2^-(1022+53)
  [1] 0
```

R에서 $2^{1024} \cdot 2^{-1024}$과 $2^{1078} \cdot 2^{-1078}$를 계산해보자. 수학적으로는 두 값이 모두 1이지만 R에서는 각각 Inf과 NaN으로 계산되어 나온다 (NaN은 '수(數)가 아님' Not a Number이다). 마찬가지로, '아주' 큰 수를 '아주' 큰 수로 나누는 것과 '아주' 큰 수에서 '아주' 큰 수를 빼는 것도 피해야 한다. 다음 계산 예를 보라.

```
> 2^1024 * 2^(-1024)
  [1] Inf
> 2^1078 * 2^(-1078)
  [1] NaN
> 2^1024 / 2^1024
  [1] NaN
> 2^1024 - 2^1024
  [1] NaN
```

R 시스템에서는 컴퓨터 실수의 부호와 유효숫자(significant digits)에 53개 비트가 할당되지만 부호가 1개 비트를 차지하므로 유효숫자에 52개 비트가 가용하다. 그러므로 소숫점 이하 부분의 가장 작은 차이는

$$2^{-52} \; (= 2.220446 \cdot 10^{-16})$$

이다. 이를 machine epsilon이라고 한다. 다음을 보라.

```
> .Machine$double.eps
  [1] 2.220446e-16
> 2^(-52)
  [1] 2.220446e-16
```

지수가 같은 2개 수 a와 b의 비교에서, 두 수의 차이가 이 값보다 작다면 그 차이는 컴퓨터에서는 무의미하다. 그러나 두 수의 차이가 이 값보다 크면 두 수가 다르다고 선언된다. 다음 예를 보라.

```
> 0.6-0.5 == 0.1
  [1] FALSE
> 0.6-0.5
  [1] 0.1
```

첫 번째 R 실행은 좌변의 "0.6-0.5"가 수학적으로는 0.1이지만 2진법의 연산이 실행된 실제 결과로는 0.1이 아님을 알려준다. 두 번째 R 실행은 "0.6-0.5"가 0.1임을 알려주지만 이것은 사용자가 보기 편하게 인쇄해준 것에 불과하다.

```
> print(0.6-0.5, 16)
  [1] 0.09999999999999998
> print(0.1,16)
  [1] 0.1
```

컴퓨터에서는 "0.6-0.5"이 0.1이 아님을 알 수 있다. 그러나 다음은 TRUE이다.

```
> 0.5+0.1 == 0.6
```

탄젠트(tangent) 함수 $\tan\theta$는 $\theta = \pi/4$에서 1의 값을 취하고 주기가 π이다. 그러므로 $\tan(\pi/4) = \tan(\pi/4+\pi) = \tan(\pi/4+2\pi) = \tan(\pi/4+3\pi) = \cdots$는 모두 1이다. 그러나 다음의 R 실행결과를 보라.

```
> print(tan(pi/4),16)
  [1] 0.9999999999999999
> print(tan(pi/4+pi),16)
  [1] 0.9999999999999997
> print(tan(pi/4+pi*2),16)
  [1] 0.9999999999999994
> print(tan(pi/4+pi*3),16)
  [1] 1.000000000000001
```

한 줄로 정리하면 이렇다: 컴퓨터 수학은 진짜 수학과 다르다. 컴퓨터 수치를 다룰 때는 조심, 조심, 조심해야 한다.

연습 1. 십진법 수 $\frac{1}{3}$을 소수점 아래 5자리와 52자리의 이진법 소수로 표현해보라. (지정된 자리 수를 초과하는 부분은 버릴 것)

Python의 컴퓨터 정수와 실수

정수(integer)를 표현하는 데 있어 파이썬은 R과 다르다. 정수를 표현하는 데 있어 필요한 만큼 더 많은 수의 비트를 배정하기 때문이다. 따라서 R의 최대 정수인 2147483647보다 큰 수도 정수로 쓸 수 있다. Python에서

```
k = 2147483647
k10 = k * 10
print(k10)                          # 21474836470
type(k10)                           # int
```

실수(floating number)의 표현에서 Python은 R과 거의 같다. 예컨대 machine epsilon은 2^{-52}에 해당하는

```
import sys
print(sys.float_info.epsilon) # 2.220446049250313e-16
```

이다. Python에서 실수의 최대값은 R과 같은

```
print(sys.float_info.max)      # 1.7976931348623157e+308
```

이고, 지수부분 최대값은, basc 2와 10에시, 긱각

```
print(sys.float_info.max_exp)         # 1024
print(sys.float_info.max_10_exp)      # 308
```

이다 (즉, 2^{1024}와 10^{308}). Python의 최소값도 R과 같은

```
print(sys.float_info.min)      # 2.2250738585072014e-308
```

이다. 지수부분의 최소값이, base 2와 10에서, 각각

```
print(sys.float_info.min_exp)         # -1021
print(sys.float_info.min_10_exp)      # -307
```

로 찍히지만 보수적 표현일 뿐 R과의 실질적인 차이는 없다.

수식과 함수의 계산

조합 수 ${}_{200}C_{100}$을 계산해보자.

$${}_{200}C_{100} = \frac{200!}{100!\,100!}$$

이므로 100!과 200!를 계산할 필요가 있다. R 함수 factorial을 써서 2개의 계승(階乘)을 계산하면 다음과 같이 된다.

```
> factorial(100)
  [1] 9.332622e+157
> factorial(200)
  [1] Inf
```

100!도 상당히 큰 수이기는 하지만 200!은 컴퓨터가 다룰 수 없는 너무 큰 수인 것이다. 그러므로

```
> factorial(200)/factorial(100)/factorial(100)
```

은 어림도 없다. 그러면 어떻게 ${}_{200}C_{100}$를 계산해낼 수 있을까?

${}_{200}C_{100}$이 다음과 같이 수식적으로 표현될 수 있음에 착안할 필요가 있다.

$${}_{200}C_{100} = \frac{200!}{100!\,100!} = \frac{101 \cdot 102 \cdot \cdots \cdot 200}{1 \cdot 2 \cdot \cdots \cdot 100} = \prod_{k=1}^{100} \frac{100+k}{k}.$$

즉, 100번에 걸쳐 $(100+k)/k$를 곱해나가는 것이다 $(k = 1,\cdots,100)$. 이렇게 얻은 수치는 $9.054851 \cdot 10^{58}$이다.[2)]

```
> C <- 1
> for (k in 1:100) C <- C*(100+k)/k
> C
  [1] 9.054851e+58
```

2) 다른 방법은 R 함수 choose를 쓰는 것이다: `choose(200,100)`.

Python 코딩으로는

```
C = 1
for k in range(1,101):
    C = C * (100 + k) / k
print(C)                          # 9.054851465610333e+58
```

이다. Python math 함수 comb()를 써서 계산할 수도 있다:

```
import math
C = math.comb(200, 100)
float(C)                          # 9.054851465610328e+58
```

두 결과가 아주 약간 다르기는 하다.

R과 Python에는 많은 함수가 내장되어 있어 불러 쓸 수 있다. 그런데 사용자가 스스로 정의해서 써야 할 때가 있기도 하다. 후자의 경우 '센스' 있는 작업의 책임은 전적으로 사용자 스스로에 있다.[3)]

지수함수 e^x의 계산을 생각해보자 $(-1 \leqq x \leqq 1)$. 테일러 정리에 의하면

$$e^x = 1 + \sum_{k=1}^{\infty} \frac{x^k}{k!}$$

이다. k번 째 항 $x^k/k!\ (= a_k)$을 보자. $-1 \leqq x \leqq 1$에서 x^k의 절대값은 증가하지 않고 $k!$은 기하적 이상으로 빠르게 증가한다. 따라서 a_k는 빠르게 0으로 수렴해간다. 그러므로

$$e^x = 1 + \sum_{k=1}^{N} \frac{x^k}{k!}$$

로 계산될 수 있다. 문제는 N을 어떻게 잡느냐에 있다.

수열 a_k의 부분합을 s_n이라고 하자. 즉, $s_n = \sum_{k=1}^{n} a_k$. n이 커져서 a_n의 절대값

3) 컴퓨터는 말이 없다. 그러나 막무가내 식 작업 지시를 좋아할 리 없다. 입장을 바꿔서 생각해보라: 역지사지(易地思之).

이 machine epsilon보다 작게 되면 s_n을 업데이팅 하는 일이 무용지물이 된다. 바로 그 때가 작업을 마칠 시점이다. 따라서 다음과 같이 e^x를 계산하는 사용자 함수 exponential을 만들 수 있다 (R 스크립트 `computing exponential.r`).

```
> exponential <- function(x){
+     sum <- 1;   temp <- 1;     k <- 1
+     while(abs(temp) > .Machine$double.eps){
+        temp <- temp*x/k
+        sum <- sum+temp
+        k <- k+1
+     }
+     return(sum)
+ }
```

수치 예로서, e^1은 다음과 같다.

```
> print(exponential(1),16)
  [1] 2.718281828459046
```

앞의 R 스크립트에서는 while 문에서 조건을 제시하여 그 조건이 지속되는 한 계속 반복하도록 하였는데 만(萬)의 하나 조건이 만족되지 않는다면 R 시스템은 무한정 돌아간다. 그런 경우엔 R 시스템을 사용자가 강제로 'stop'시킬 수밖에 없지만 프로그램 상으로 문제가 탐지되었음을 통보하는 것이 더 좋은 방법이다.

다음은 exponential 함수의 보완이다. 반복회수의 상한이 100회로 지정되었다.

```
> exp.1 <- function(x){
+     sum <- 1
+     temp <- 1
+     for (k in 1:100) {
+        if(abs(temp) < .Machine$double.eps) return(sum)
+        temp <- temp*x/k
+        sum <- sum+temp
+     }
```

```
+     return("Computation is incomplete within the limit")
+ }
```

이 함수로 e^1 을 계산하면 다음을 얻는다.

```
> print(exp.1(1),16)
  [1] 2.718281828459046
```

다음 실행결과를 보라. exp.1로 e^{100} 을 계산하고자 한 경우이다.

```
> print(exp.1(100),16)
  [1] "Computation is incomplete within the limit"
```

그렇다면 exp.1로 e^{100} 은 어떻게 계산할 수 있을까? 다음을 보라.

```
> print(exp.1(1)^100,16)
  [1] 2.688117141816165e+43
```

지수 함수 e^x 에 대하여 R 내장 함수 exp()가 있다. 그것을 쓰면 결과는

```
> print(exp(1),16)
  [1] 2.718281828459045
> print(exp(100),16)
  [1] 2.688117141816136e+43
```

이제부터는 앞 내용을 Python으로 코딩해보기로 한다. 언어적 표현에서 차이가 약간 있을 뿐 구조적으로는 같다.

```
def exp(x):
    sum = 1
    temp = 1
    for k in range(1,101):
        if abs(temp) < sys.float_info.epsilon:
            return sum
        temp = temp * x / k
        sum = sum + temp
```

```
    return "Computation is incomplete within the limit"

exp(1)                          # 2.7182818284590455
math.exp(1)                     # 2.7182818284590454
```

연습 2. $-\frac{\pi}{2} < x < \frac{\pi}{2}$에 대하여 $\sin(x)$ 값을 산출하는 사용자 함수를 R 또는 Python으로 제시하라. 그리고 $x = \frac{\pi}{4}$에서의 함수 값을 산출하여 $\frac{1}{\sqrt{2}}$와 비교하라.

처리시간(processing time)

출력이 같더라도 알고리즘에 따라 처리시간이 다를 수 있다. 알고리즘을 읽기 좋게 구성하는 것도 중요하지만 최대한 효율화시켜야 한다. 여러 요소가 처리시간에 영향을 주는데, 통계 계산에서는 벡터와 행렬을 많이 쓰이는 만큼 가급적 벡터 연산(vector operation)이 가능하도록 코딩해야 처리시간을 줄일 수 있다. 대조적으로, 벡터와 행렬의 각 요소별(elementwise)로 작업하면 처리시간이 엄청 늘어날 수 있다.

다음 예는 각 요소가 균일분포 uniform(0,1)의 임의수로 구성된 1000×100 행렬 $A\,(=(a_{ij}))$에 대하여 행 합계(row sum) 벡터 $r\,(=(r_i))$을 구하는 R 스크립트이다. 즉, r은 길이 1000의 벡터이며 $r_i = \sum_{j=1}^{100} a_{ij}$이다. R 함수 `proc.time()`을 써서 이상의 계산을 100회 반복 실행하는 데 요구되는 처리시간을 산출해보자 (computing time.r).

```
A <- matrix(runif(1000*100),nrow=1000,ncol=100)
p.time <- proc.time()
for (k in 1:100){
    r <- rep(0,1000)
    for (i in 1:1000)
```

```
        for (j in 1:100) r[i] <- r[i] + A[i,j]
}
r
proc.time() - p.time
```

처리시간은 다음과 같다. (user는 사용자 영역의 CPU 사용 시간, system는 시스템 영역의 CPU 사용 시간, elapsed는 총 경과 시간이다)

```
> proc.time() - p.time
  user  system elapsed
  0.53    0.00    0.63
```

그런데 R의 apply 함수를 쓰면 벡터 연산이 된다. 다음을 보라. 여기서도 동일계산이 100회 단순 반복되었다.

```
p.time <- proc.time()
for (k in 1:100) r <- apply(A,1,sum)
r
proc.time() - p.time
```

처리시간은 다음과 같다. 사용자 시간에서 앞과 얼마나 차이가 나는가를 보라.

```
> proc.time() - p.time
  user  system elapsed
  0.18    0.00    0.23
```

Python에서는 다음과 같다.

```
import numpy as np
import time
A = np.random.rand(1000, 100)
start_time = time.time()
for k in range(100):
    r = np.zeros(1000)
```

```
    for i in range(1000):
        for j in range(100):
            r[i] += A[i, j]
print(r)
elapsed_time = time.time() - start_time
print("Elapsed time:", elapsed_time, "seconds")
## Elapsed time: 2.6340250968933105 seconds

start_time = time.time()
for k in range(100):
    r = np.sum(A, axis=1)
print(r)
elapsed_time = time.time() - start_time
print("Elapsed time:", elapsed_time, "seconds")
## Elapsed time: 0.007406949996948242 seconds
```

연습 3. 앞의 1000×100 행렬 A에 대하여 열별 최소값(columnwise minimum)을 요소로 갖는 길이 100의 벡터 c를 산출하는 R 스크립트 또는 Python 스크립트를 2개 버전으로 제시하라. 그리고 처리시간을 비교해보라.

정밀도를 늘리는 방법*

R과 Python은 실수(floating-point number)를 담기 위하여 출력이 같더라도 유효숫자 부분에 53개 비트를 할당해 쓴다 (하나는 부호이므로 실제로는 52개이다). 그런 이유로 machine epsilon이 $2^{-(53-1)}$이 되고 이는 10진법으로 2.2×10^{-16}이므로 유효숫자는 (안전하게 말하면) 15개이다.

R의 Rmpfr 팩키지는 이것을 늘리는 방법을 제공한다. 예컨대 $\sqrt{2}$에 대한 정밀표현을 해보자.

```
> sqrt(2)
[1] 1.414214
```

로 유효숫자가 7개로 나타났지만 그것은 프린트된 결과일 뿐이고 내부적으로는

```
> print(sqrt(2), 15)
[1] 1.4142135623731
```

이다[4]. 이 숫자는 53개 비트에서 표현된 것이다. 이제 $\sqrt{2}$를 105개 비트로 표현하여 보자. R의 Rmpfr 팩키지를 쓰기로 한다.

```
> library(Rmpfr)
> num <- mpfr(2, 105)
> sqrt_2 <- sqrt(num)
> sqrt_2
1 'mpfr' number of precision  105   bits
[1] 1.414213562373095048801688724209 72
```

여기서 `mpfr()` 함수를 썼는데 이 함수의 기본용법은 다음과 같다.

```
mpfr(x, precBits),
```

여기서 `x`는 숫자이고 `precBits`은 사용할 비트 수이다. 그런데 `sqrt_2`의 표현능력은 $2^{-(105-1)}$이내이고 이는 10진법으로 4.9×10^{-32}이므로 31개 유효숫자로 인식되는 맞다. 다시 말하여

```
> print(sqrt_2, 31)
1 'mpfr' number of precision  105   bits
[1] 1.414213562373095048801688724421
```

이 $\sqrt{2}$에 대한 정직한 표기이다.

다음은 원주율 π를 105개 비트의 정밀도로 표현한 것이다.

```
> Const("pi", 105)
1 'mpfr' number of precision  105   bits
[1] 3.141592653589793238462643383279 53
```

4) "`1.4142135623731`"에서 낱 숫자를 세어보면 15개가 아닌 14개인데 마지막 '1' 다음에 '0'이 있다고 보아도 된다.

Python에도 수치의 정밀도를 높이는 방법이 있다. mpmath 팩키지를 쓰면 된다. 다음은 $\sqrt{2}$ 를 31개 유효숫자로 표현한 것이다.

```
import mpmath as mp
mp.dps = 31
sqrt_2 = mp.sqrt(2)
mp.nprint(sqrt_2, 31)
1.414213562373095145474621858739
```

“mp.dps = 31”은 “mp.prec = 105”과 호환된다.

다음은 Python의 mpmath 팩키지를 써서 원주율 π를 31개 유효숫자로 표현한 것이다.

```
mp.dps = 31
pi_value = mp.pi
mp.nprint(pi_value, 31)
3.141592653589793238462643383279
```

2장. 수열

수열과 점화식

수열(數列, sequence) x_n은 자연수 집합 Z에서 실수 집합 R로 가는 함수이다. $n\ (=1,2,3,\cdots)$의 계승(階乘, factorial) $n!$은 수열 x_n의 한 예이다.

$n!$을 직접 계산해보자.

$$1!\ =1,\ 2!\ =2,\ 3!\ =6,\ 4!\ =24,\ 5!\ =120,\ \cdots$$

이다. $10!$은 얼마일까?

$$10!\ = 1\cdot 2\cdot 3\cdot 4\cdot 5\cdot 6\cdot 7\cdot 8\cdot 9\cdot 10\ = 3{,}628{,}800\,.$$

$1!$부터 $n!$까지를 얻기 위해 요구되는 계산량은 n^2에 비례하여 증가한다.

$x_n = n!$을 관찰해보면 점화식

$$x_n = n\,x_{n-1}\ (n = 2,3,\cdots),\quad x_1 = 1$$

으로 표현되므로 $10!$을 10개 숫자의 곱으로부터 구하기보다는 $9!$에 10을 곱해 얻는 것이 나은 방법이다. 이런 식으로 계산하면 $1!$부터 $n!$까지를 얻기 위해 요구되는 계산량은 n에 비례할 뿐이므로 앞의 방식보다 훨씬 효율적이다.

이와 같이 어떻게 계산하느냐에 따라 계산량이 엄청 달라질 수 있다. 통계 계산을 하면서 항시 염두에 두어야 할 점이다.

참고: n의 계승 $n!$은 매우 빠르게 증가하는 수열이다. 스털링의 근사(Stirling's approximation)에 의하면

$$n!\ \sim\ \sqrt{2\pi n}\left(\frac{n}{e}\right)^n,\quad \text{for large } n\,.$$

피보나치 수열

피보나치(Fibonacci) 수열은 다음과 같은 점화식이다.

$$x_n = x_{n-2} + x_{n-1}, \quad n = 3, 4, 5, \cdots.$$

x_1과 x_2는 초기에 주어져야 한다 (대표적인 초기값은 $x_1 = 1, x_2 = 1$).

다음 R 스크립트는 함수를 써서 수열 값을 계산한다 (sequence fibonacci.r).

```
fibonacci <- function(n, x1, x2){
    temp.1 <- x1
    temp.2 <- x2
    for (k in 3:n){
      temp.3 <- temp.1 + temp.2
      temp.1 <- temp.2
      temp.2 <- temp.3
    }
    return(temp.3)
}
fibonacci(3,1,1)
fibonacci(10,1,1)
fibonacci(20,1,1)
```

R 출력:

```
> fibonacci(3,1,1)
[1] 2
> fibonacci(10,1,1)
[1] 55
> fibonacci(20,1,1)
[1] 6765
```

앞의 방식에서는 x_{20}을 얻기 위하여 x_{19}까지 했던 작업을 그대로 하고 추가적인 작업을 한다. 수열 값이 기록되지 않았기 때문이다. 다음 R 스크립트는 중간과정이 모두 기록되는 가운데 x_n을 계산한다 ($n = 50$까지).

```
n <- 50
F <- rep(0,n)
F[1] <- 1
F[2] <- 1
for (k in 3:n) F[k] <- F[k-2]+ F[k-1]
F
```

R 출력:

```
 [1]          1          2          3          5
 [6]          8         13         21         34         55
[11]         89        144        233        377        610
[16]        987       1597       2584       4181       6765
[21]      10946      17711      28657      46368      75025
[26]     121393     196418     317811     514229     832040
[31]    1346269    2178309    3524578    5702887    9227465
[36]   14930352   24157817   39088169   63245986  102334155
[41]  165580141  267914296  433494437  701408733 1134903170
[46] 1836311903 2971215073 4807526976 7778742049 12586269025
```

다음은 피보나치의 50번째 항을 구하는 Python 코딩이다.

```
n = 50
F = [0] * n
F[0] = 1
F[1] = 1
for k in range(2, n):
  . F[k] = F[k-2] + F[k-1]
F[49]                          # 12586269025
```

피보나치 수열 $\{x_n\}$에서 마지막 자리에 $0, 1, 2, \cdots, 9$가 있는데 이들이 임의적일까? 그렇지 않다. 피보나치 수열에서는 홀수 · 홀수의 다음은 짝수이고, 홀수 · 짝수의 다음은 홀수이며, 짝수 · 홀수의 다음은 홀수이다. 즉,

홀, 홀, 짝, 홀, 홀, 짝, 홀, 홀, 짝, 홀, 홀, 짝, 홀, 홀, 짝, ⋯

이므로, 홀수가 짝수의 2배이다. 마지막 자리 숫자가 임의적이지 않다.

피보나치 수열 $\{x_n\}$에서 첫 자리에 $1, 2, \cdots, 9$가 있는데 이들이 임의적일까? 이것 역시 그렇지 않다. 다음 R 스크립트는 x_1부터 x_{1000}까지의 피보나치 수열에서 첫 자리 수의 빈도를 계산한다.

R 스크립트:

```
n <- 1000
F <- rep(0,n)
F[1] <- 1
F[2] <- 1
for (k in 3:n) F[k] <- F[k-2]+ F[k-1]
table(F %/% 10^floor(log(F,10)))
```

R 출력:

```
> table(F %/% 10^floor(log(F,10)))
    1   2   3   4   5   6   7   8   9
  301 177 125  96  80  67  56  53  45
```

참고. 벤포드의 법칙(Benford's law)은 경험적으로 볼 때 첫 자리 수가 k인 상대적 빈도가

$$\log_{10}(k+1) - \log_{10} k, \quad k = 1, 2, \cdots, 9,$$

즉, 0.301, 0.176, 0.125. 0.097, 0.079, 0.067, 0.058, 0.051, 0.046으로 불균등하다는 것이다. $\log_e X$의 확률분포가 상당범위에 걸쳐 있는 경우 X의 첫 자리 수가 이런 법칙을 따른다.

생각해볼 문제.

1. 다음 R 스크립트로 Fibonacci 수열의 첫 78개 항 가운데 짝수인 것과 홀수인 것의 수를 세면 각각 26개과 52개이다 (즉 1:2의 빈도이다).

   ```
   > addmargins(table(F[1:78] %% 2))
   ```

   그런데 위에서 78 대신 81을 넣으면 결과는 엉망이 된다. 왜 그런가?

선형합동수열

임의 수 생성에 쓰이는 선형합동수열(linear congruential sequence)은 다음 점화식으로 정의된다.

$$x_n = a\,x_{n-1} + c \pmod{m}, \tag{1}$$

여기서 $a(\neq 0)$와 c, 초항 x_1은 0부터 $m-1$ 사이의 정수로 주어진다. 그리고 $z \pmod{m}$은 z를 m으로 나누었을 때의 나머지이다. 이런 수열은 주기를 갖는 함수이고 주기는 m보다 클 수 없다.

예를 들어 $x_n = 21\,x_{n-1} + 31 \pmod{100}$이라고 하자 즉 $a = 21$, $c = 31$, $m = 100$인 경우이다. $x_1 = 0$라면 이 수열의 첫 101개 값은 다음과 같다. (R 스크립트 sequence psudo-random.r)

```
> x <- rep(0,101)
> x[1] <- 0
> for (i in 2:101){
+    x[i] <- (21*x[i-1] + 31) %% 100
+    }
> x
  [1]  0 31 82 53 44 55 86 37  8 99 10 41 92 63 54 65 96 47 18  9
 [21] 20 51  2 73 64 75  6 57 28 19 30 61 12 83 74 85 16 67 38 29
 [41] 40 71 22 93 84 95 26 77 48 39 50 81 32  3 94  5 36 87 58 49
 [61] 60 91 42 13  4 15 46 97 68 59 70  1 52 23 14 25 56  7 78 69
```

```
 [81] 80 11 62 33 24 35 66 17 88 79 90 21 72 43 34 45 76 27 98 89
[101]  0
```

101번째 항 x_{101}에서 처음으로 초항 x_1과 같게 나왔으므로, $x_2 = x_{102}$, $x_3 = x_{103}$, $\cdots$, $x_{100} = x_{200}$이 될 것이다. 그러므로 위 점화식은 주기가 $100\,(=m)$인 수열이다.

수학 이론에 따르면 (1)과 같은 수열이 주기 m을 갖기 위해서는 다음 3개 조건이 만족되어야 한다.

C1. c와 m은 '서로 소'(-- 素, relative prime)여야 한다.
C2. $a-1$은 m의 모든 소인수(素因數, prime factors)로 나눠져야 한다.
C3. m이 4의 배수인 경우, $a-1$은 4로 나눠져야 한다.

$x_n = 21\,x_{n-1} + 31 \pmod{100}$의 경우, c가 소수(素數, prime number)이므로 C1은 자동적으로 만족된다. $m = 2^2 5^2$이므로 m의 소인수는 2와 5이다. 그런데 $a-1 = 2^2 5$이므로 C2도 만족된다. m이 4의 배수인데 $a-1 = 20$은 4의 배수이므로 C3도 만족된다. 그러므로 $x_n = 21\,x_{n-1} + 31 \pmod{100}$이 주기 100의 수열임을 수학 이론으로도 확인할 수 있다.

어떤 특정 수열이 주기가 길다는 것은, 공식을 알지 않는 한, x_{n-1}로부터 x_n을 짐작하기 어렵게 하기 위한 필요조건이다 (충분조건은 아니다. $x_n = x_{n-1} + 1 \pmod{100}$의 경우가 그렇다).

당연하게도, 점화식 (1)이 만들어내는 것은 결정적인 수이지 임의적인 수가 아니다. <그림 1>을 보라. 다만 임의적으로 보일 뿐이다. 그런 이유로 선형합동수열의 식 (1)을 유사임의수생성기(pseudo-random number generator)라고 한다.

선형합동생성기로부터 만들어지는 임의 수는 0, 1, $\cdots$, $m-1$까지의 정수이다. 이를 m으로 나누면 0과 1 사이의 수가 된다.

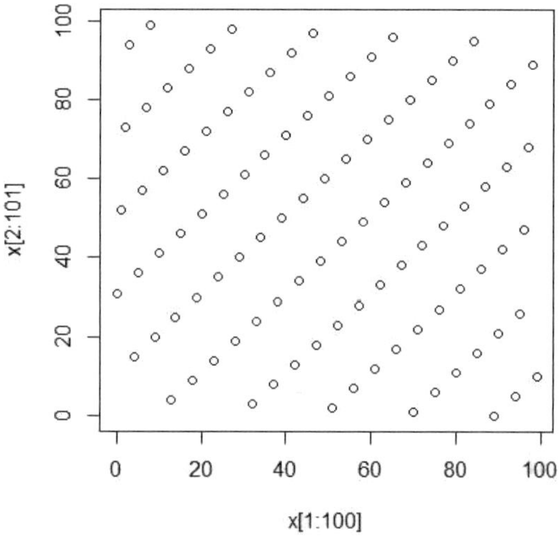

<그림 1> 선형합동수열의 연이은 2개 항 간 관계

R `randtoolbox` 팩키지의 선형합동기 `congruRand` 함수에서는 $m = 2^{31} - 1$, $a = 16,807$, $c = 0$ 으로 설정되어 있다.[1] $2^{31} - 1$ $(= 2,147,483,647)$ 은 소수이다.[2]

방정식의 해

수열은 $x = f(x)$의 꼴을 취하는 방정식의 해(解)를 구하는 데 유용하게 쓰일 수 있다. 예를 들면

$$x = \cos(x),\ 0 \leqq x \leqq \pi/2$$

의 해를 구해보자. 함수 $h : [0, \pi/2] \to R$ 을 $h(x) = x - \cos(x)$ 로 정의하면, $h(0) < 0$ 이고 $h(\pi/2) > 0$ 이므로 0과 $\pi/2$ 사이에서 최소한 1개의 근을 갖는다.

---

1) R `randtoolbox` 팩키지의 vignette “A note on random number generation” 참조. R의 `runif` 함수는 선형합동기 알고리즘 대신 Mersenne-Twister 알고리즘에 기초하여 임의수를 생성한다.

2) R `numbers` 팩키지의 `isPrime()` 함수는 주어진 정수가 소수인지 아닌지를 알려주고 `factorize()` 함수는 주어진 정수의 모든 인수(factor)를 산출해준다.

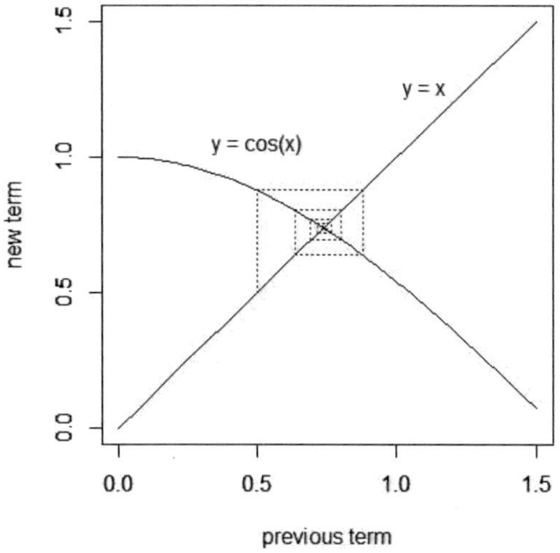

<그림 2> $x = \cos(x)$의 해를 점화식으로 구하기

그것을 찾아보자. 수열 $\{x_n\}_{n=1}^{\infty}$를

$$x_n = \cos(x_{n-1}),\ n = 2, 3, 4, \cdots;\quad x_1 = 0.5 \tag{2}$$

라고 하자. <그림 2>는 $y = x$와 $y = \cos(x)$를 그린 것인데, $x = 0.5$에서 $\cos(x)$를 구하고 그 값에서 다시 코싸인을 구하는 과정을 반복하면 필연적으로 $y = x$와 $y = \cos(x)$의 교점에 도달할 수 있음을 알 수 있다. 즉,

$$x_2 = \cos(x_1) = 0.8776,\ x_3 = \cos(x_2) = 0.6390,$$
$$x_4 = \cos(x_3) = 0.8029,\ \cdots$$

와 같이 된다. 이것을 반복하면 x_n이 수치적으로 더 이상 변화하지 않는 상태가 되는데 그것이 근(根, root)이다. 이렇게 구한 (2)의 근은 $x_{25} = 0.7391$이다.

R 스크립트(sequence for roots.r):

```
n <- 50
x <- rep(0,n)
x[1] <- 0.5
```

```
diff <- 0.5
eps <- 0.0001/2
k <- 1
while(diff > eps) {
     k <- k+1
     x[k] <- cos(x[k-1])
     diff <- abs(x[k]-x[k-1])
}
x[k]
```

Python 스크립트:

```
import math
n = 50
x = [0] * n
x[0] = 0.5
diff = 0.5
eps = 0.0001 / 2
k = 0
while diff > eps:
    k += 1
    x[k] = math.cos(x[k-1])
    diff = abs(x[k] - x[k-1])

print(x[k])                          # 0.7390690012040115
```

다른 예로서, $-x^3+2x^2-2x+2=0$의 해를 구하여 보자 ($0 \leqq x \leqq 2.5$).

$$x = -0.5x^3+x^2+1$$

의 근을 구하면 되므로, 수열 $\{x_n\}$을 다음 점화식으로 정의하자.

$$x_n = -0.5x_{n-1}^3+x_{n-1}^2+1$$

$x_1 = 0.5$에서 시작해 도달하는 교점은 $x_{14} = 1.5437$이다. <그림 3>을 보라.

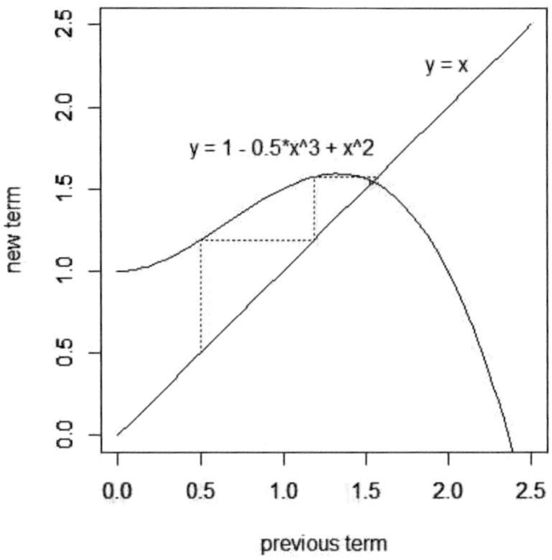

<그림 3> $x = -0.5x^3 + x^2 + 1$

이번에는 앞의 주어진 방정식 $-x^3 + 2x^2 - 2x + 2 = 0 \ (0 \leqq x \leqq 2.5)$을

$$x^2 = 0.5x^3 + x - 1, \quad 즉 \quad x = \sqrt{0.5x^3 + x - 1}$$

로 바꿔 같은 방법으로 근을 구해보기로 하자. 이를 위해 점화수열을

$$x_n = \sqrt{0.5x_{n-1}^3 + x_{n-1} - 1}$$

로 놓을 필요가 있다. <그림 4>를 보라.

$x_1 = 1.25$에서 시작하면 $x_2 = 1.108, x_3 = 0.887, x_4 = 0.486, \cdots$ 과 같이 n이 커짐에 따라 x_n이 $y = x$와 $y = \sqrt{0.5x^3 + x - 1}$의 교점에 가까워지는 것이 아니라 오히려 멀어지므로, 해를 구할 수 없다.

일반적으로 $x = f(x)$에서 점화식을 파생시켜 방정식의 근을 구하려면 교점에서 $|f'(x)|$가 1보다 작아야 한다. 그런 측면에서 <그림 3>과 <그림 4>가 다르다.

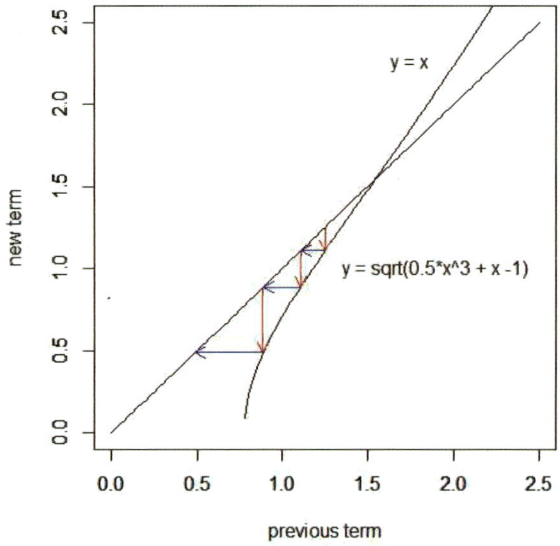

<그림 4> $x = \sqrt{0.5x^3 + x - 1}$

순서 정렬: sort

유한 길이의 수열 $\{x_n\}_{n=1}^{N}$을 커지는 순서로 정렬하는 방법은 무엇인가?

첫 번째 방법은 선택 정렬(selection sort)로 불리는데, 첫 항을 이후의 모든 항과 하나씩 비교하면서 비교되는 항이 첫 항보다 작으면 두 항을 교환한다. 이렇게 마지막 항에 가면 가장 작은 값이 1번째 위치에 가게 된다. 이제 2번째 항부터 마지막 항까지 이런 작업을 반복하면 두 번째 작은 값의 항이 2번째에 위치하게 되고, … 이런 작업을 마지막 2개 항이 비교될 때까지 반복함으로써 모든 항이 크기 순서로 정렬된다.

R 스크립트(sequence sort select.r):

```
# selection sort
x <- runif(10)
round(x,2)
n <- length(x)
for (i in 1:(n-1)){
   for (j in (i+1):n){
      if(x[i] > x[j]) {
         temp <- x[i]
         x[i] <- x[j]
         x[j] <- temp
      }
   }
}
round(x,2)
```

R 출력:

```
> round(x,2)       정렬 이전
 [1] 0.74 0.31 0.36 1.00 0.66 0.95 0.58 0.69 0.04 0.40
> round(x,2)       정렬 이후
 [1] 0.04 0.31 0.36 0.40 0.58 0.66 0.69 0.74 0.95 1.00
```

두 번째 방법은 버블 정렬(bubble sort)로 불리는데, 연이은 2개 항을 읽고 앞의 항이 뒤의 항보다 큰 경우에 두 항을 교환한다. 이렇게 마지막 연이은 2개 항에 가면 가장 큰 값의 항이 N번째에 위치하게 된다. 이제 처음부터 $N-1$번째 항까지 이런 작업을 반복하면 두 번째 큰 값의 항이 $N-1$번째에 위치하게 되고, … 이런 작업을 처음 2개 항이 비교될 때까지 반복함으로써 모든 항이 크기 순서로 정렬된다. 도중이라도 앞의 항이 뒤의 항보다 큰 경우가 없으면 작업을 조기에 종료할 수 있다.

R 스크립트(sequence sort bubble.r):

```
# bubble sort
x <- runif(10)
```

```
round(x,2)
n <- length(x)
continue <- 1
for (k in 1:(n-1)){
    continue <- 0
    for (i in 1:(n-k)){
      if(x[i] > x[i+1]){
         temp <- x[i]
         x[i] <- x[i+1]
         x[i+1] <- temp
         continue <- 1
      }
    }
if(continue==0) break
}
round(x,2)
```

R 출력:

```
> round(x,2)      정렬 이전
 [1] 0.58 0.81 0.46 0.86 0.24 0.10 0.08 0.37 0.65 0.36

> round(x,2)      정렬 이후
 [1] 0.08 0.10 0.24 0.36 0.37 0.46 0.58 0.65 0.81 0.86
```

빠른 정렬*: quick sort

이 방법은 기준 항과 비교하여 그것보다 작은 항들은 왼편에 (기준 항을 제외한) 나머지 항들은 오른편에 넣고, 왼편과 오른편을 각각 '그렇게' 처리하는 방법이다. 이것이 가능한 것은 R의 함수가 재귀적 호출을 가능하게하기 때문이다.[3)]

R 스크립트(sequence sort quick.r):

```
# quick sort
n <- 50
x <- runif(n)
round(x,2)
quick <- function(x) {
   n <- length(x)
   if(n < 2) {
      return(x)
   } elsc {
      left <- subset(1:n, x < x[1])
      right <- setdiff(2:n, left)
      return(c(quick(x[left]), x[1], quick(x[right])))
   }
}
round(quick(x),2)
```

R 출력:

```
> round(x,2)      정렬 이전
 [1] 0.49 0.97 0.86 0.07 0.43 0.80 0.43 0.58 0.07 0.28

> round(x,2)      정렬 이후
 [1] 0.07 0.07 0.28 0.43 0.43 0.49 0.58 0.80 0.86 0.97
```

3) 재귀적 호출(recursive call)이란 자신 안에서 다시 자신을 불러내는 기능이다.

다음은 빠른 정렬(quick sort)의 Python 코딩이다. Python에서도 함수의 재귀적 호출이 된다.

```
import numpy as np
def quicksort(arr):
    if len(arr) < 2:
        return arr
    else:
        pivot = arr[0]
        left = [x for x in arr if x < pivot]
        right = [x for x in arr[1:] if x >= pivot]
        return quicksort(left) + [pivot] + quicksort(right)

n = 50
x = np.random.uniform(size=n)
rounded_x = np.round(x, 2)
print(rounded_x)
sorted_x = quicksort(x)
rounded_sorted_x = np.round(sorted_x, 2)
print(rounded_sorted_x)
```

연습문제

1. Fibonacci의 수열 $\{x_n\}_{n=1}^{\infty}$에서 연이은 항의 비(比, ratio) $r_n = x_n / x_{n-1}$ $(n \geq 2)$이 어떤 값에 수렴해 가는지, 그 값을 찾아라.

2. 점화수열 $x_n = -0.5x_{n-1}^3 + x_{n-1}^2 + 1$의 극한으로 $x = -0.5x^3 + x^2 + 1$의 근을 구하고자 하는데, 초기값 x_1을 0과 2.5 밖에서 취하면 어떤 결과를 얻게 될 수 있는가?

3. 다음은 유한 길이의 수열에 대한 정렬(sort)과 순서(order), 순위(rank)의 한 예이다. R 함수 `sort()`, `order()`, `rank()`가 사용되고 있다.

```
> x
 [1] 0.65 0.01 0.49 0.11 0.99 0.87 0.31 0.02 0.66 0.17
> sort(x)
 [1] 0.01 0.02 0.11 0.17 0.31 0.49 0.65 0.66 0.87 0.99
> order(x)
 [1]  2  8  4 10  7  3  1  9  6  5
> rank(x)
 [1]  7  1  6  3 10  9  5  2  8  4
```

어떻게 order와 rank를 산출해낼 것인가? (R 함수를 쓰지 않고)

탐구 1. 수열 $\{p_n\}_{n=1}^{\infty}$ 이 다음과 같이 정의된다.

$$p_n = \frac{10}{3} p_{n-1} - p_{n-2}, \quad n = 3, 4, \cdots; \quad p_1 = 1, \ p_2 = \frac{1}{3}.$$

1) 점화식을 써서 $n = 3$ 부터 50까지의 수열 값을 계산하라. 그리고 그 결과를 sequence 플롯 형태로 제시하라. * 즉, $n = 3, 4, \cdots, 50$ 에 대하여 (n, p_n)을 타점할 것. n을 100까지로 연장하여 p_{100}을 산출해보라.

2) 순수한 수학적 방법으로 p_{100}을 구해보라.

3장. 선형 대수

선형연립방정식

$p\times 1$ x에 대한 선형연립방정식(linear simultaneous equation)을 생각하자.

$$A\,x = b, \tag{1}$$

여기서 A는 $p\times p$ 행렬이고 x는 $p\times 1$ 벡터이고 b는 $p\times 1$ 벡터이다. 즉,

$$A = \begin{pmatrix} a_{11} & a_{12} & \cdots & a_{1p} \\ a_{21} & a_{22} & \cdots & a_{2p} \\ \vdots & \vdots & & \vdots \\ a_{p1} & a_{p2} & \cdots & a_{pp} \end{pmatrix}, \quad x = \begin{pmatrix} x_1 \\ x_2 \\ \vdots \\ x_p \end{pmatrix}, \quad b = \begin{pmatrix} b_1 \\ b_2 \\ \vdots \\ b_p \end{pmatrix}.$$

한 예로서 다음 방정식을 연필과 종이로 풀어보라 (컴퓨터가 아니라).

$$\begin{aligned} 2x_1 - 5x_2 + 4x_3 &= -3, \\ x_1 - 2x_2 + x_3 &= 5, \\ x_1 - 4x_2 + 6x_3 &= 10. \end{aligned}$$

선형연립방정식을 푸는 기본적인 방법은 가우스 소거법(Gaussian elimination)이다. 이 방법은 제 1행 다음의 행들에서 x_1을 제거하는 데서 시작하여 제 2행 다음의 행들에서 x_2를 제거하고 이와 같은 식으로 제 p행에서는 x_p만 나타나도록 식 (1)을 다음과 같은 동치적인 형태로 변형한다.

$$U\,x = c, \tag{2}$$

여기서 U는 $p\times p$ 상삼각행렬이고 x는 $p\times 1$ 벡터이고 c는 $p\times 1$ 벡터이다. 즉,

$$U = \begin{pmatrix} u_{11} & u_{12} & \cdots & u_{1p} \\ 0 & u_{22} & \cdots & u_{2p} \\ \vdots & \vdots & & \vdots \\ 0 & 0 & \cdots & u_{pp} \end{pmatrix}, \quad u_{ij} = 0 \ \text{ for } \ i > j; \quad c = \begin{pmatrix} c_1 \\ c_2 \\ \vdots \\ c_p \end{pmatrix}.$$

식 (1)에서 식 (2)로 가는 과정은 다음과 같다. 식 (1)의 제1행과 제2행은

$$a_{11}x_1 + a_{12}x_2 + \cdots + a_{1p}x_p = b_1\,, \tag{3}$$

$$a_{21}x_1 + a_{22}x_1 + \cdots + a_{2p}x_p = b_2 \tag{4}$$

이다. $a_{11} \neq 0$ 이면 식 (3)에 $\dfrac{a_{21}}{a_{11}}$ 를 곱하여 식 (4)에서 뺀다. 이렇게 하면 식 (4)에서 x_1 의 계수가 없어진다. 즉, 식 (4)는

$$a_{21}x_1 + a_{22}x_1 + \cdots + a_{2p}x_p - \frac{a_{21}}{a_{11}}(a_{11}x_1 + a_{12}x_2 + \cdots + a_{1p}x_p) = b_2 - \frac{a_{21}}{a_{11}}b_1$$

$$\rightarrow \quad (a_{22} - \frac{a_{21}}{a_{11}}a_{11})x_2 + \cdots + (a_{2p} - \frac{a_{21}}{a_{11}}a_{1p})x_p = b_2 - \frac{a_{21}}{a_{11}}b_1 \tag{5}$$

으로 바뀐다. 이와 같은 연산을 제2행 외에 제3행부터 제p행에 적용한다. 그 결과로

$$(a_{i2} - \frac{a_{i1}}{a_{11}}a_{12})x_2 + \cdots + (a_{ip} - \frac{a_{i1}}{a_{11}}a_{1p})x_p = b_i - \frac{a_{i1}}{a_{11}}b_1, \quad i = 2, \cdots, p \tag{6}$$

를 얻는다. 식 (6)은 형태적으로 식 (1)의 축소형이다. 즉, x_1 이 소거됨으로써

$$A'\,x' = b'$$

가 된다. 여기서 A'은 $p' \times p'$ 행렬이고 $x' = (x_2, \cdots, x_p)^t$ 는 $p' \times 1$ 이고 b' 도 $p' \times 1$ 이다 ($p' = p-1$). 이러한 소거법을 거듭, 거듭, … 적용하면

$$a_{pp}{}''x_p = b_p{}'' \tag{7}$$

에 귀착된다. 결국 식 (3), (5), (7)을 연결하면 다음과 같은 형태가 된다.

$$\begin{aligned} u_{11}x_1 + u_{12}x_2 + \quad \cdots \quad + u_{1p}x_p &= c_1, \\ u_{22}x_2 + u_{23}x_3 + \cdots + u_{2p}x_p &= c_2, \\ &\vdots \\ u_{pp}x_p &= c_p. \end{aligned} \tag{8}$$

즉, 식 (2)이다. 식 (1)로부터 식 (2)로 가는 과정이 가우스 소거법이다.

식 (8)에서 上삼각 U의 모든 대각요소가 비영(non-zero)이라고 하자 ($u_{11} \neq 0$, $u_{22} \neq 0, \cdots, u_{pp} \neq 0$). 그러면 식 (8)의 마지막 줄에서부터 해가 얻어진다. 즉

$$x_p = \frac{c_p}{u_{pp}},$$

$$\vdots$$

$$x_2 = \frac{1}{u_{22}}(c_2 - u_{23}x_3 - \cdots - u_{2p}x_p),$$

$$x_1 = \frac{1}{u_{11}}(c_1 - u_{12}x_2 - \cdots - u_{1p}x_p).$$

이런 기법을 뒤쪽 치환(backward substitution)이라고 한다.

R 스크립트 (linear algebra basic.r)

```
# Solving simultaneous linear equations A*x = b
# Gaussian elimination and backward substitution

A <- matrix(c(2,-5,4,1,-2,1,1,-4,6),byrow=T,nrow=3,ncol=3)
b <- matrix(c(-3,5,10),nrow=3,ncol=1)
p <- nrow(A)
U.pls <- cbind(A,b)
for (i in 1:p){
    for (j in (i+1):(p+1)) U.pls[i,j] <- U.pls[i,j]/U.pls[i,i]
    U.pls[i,i] <- 1
    if (i < p) {
       for (k in (i+1):p) U.pls[k,] <-
                U.pls[k,] - U.pls[k,i]/U.pls[i,i]*U.pls[i,]
    }
}
U.pls
x <- rep(0,p)
for (i in p:1){
  if (i < p){
     temp <- 0
```

```
    for (j in (i+1):p) temp <- temp + U.pls[i,j]*x[j]
    x[i] <- U.pls[i,p+1] - temp
  }
  else x[i] <- U.pls[i,p+1]
}
x
```

R 출력:

```
> U.pls
     [,1] [,2] [,3] [,4]
[1,]    1 -2.5    2 -1.5
[2,]    0  1.0   -2 13.0
[3,]    0  0.0    1 31.0

> x
[1] 124  75  31
```

가우스 소거법은 중간 과정에 어떤 $i\ (=1, \cdots, p)$에 대해서라도 $u_{ii} = 0$가 0이 되면 문제가 생긴다. 그런 경우에는 행 i를 그 이후 행 중 하나와 바꿈으로써 문제를 회피 한다 (어느 행과 바꾸더라도 그럴 수 없는 경우가 있는데 그런 경우에는 방정식이 해를 갖지 않거나 무한히 많은 해를 갖는다).

한 예로서 다음 방정식을 풀어보라 (연습문제 1). 앞의 R 스크립트를 조금만 보완하면 된다.

$$\begin{array}{rrrcr} 2\,x_1 & -5\,x_2 & +4\,x_3 & = & -3 \\ x_1 & -2.5\,x_2 & +\ x_3 & = & 5 \\ x_1 & -4\,x_2 & +6\,x_3 & = & 10 \end{array} .$$

* R의 함수 solve를 쓰면 선형연립방정식을 간단히 풀 수 있다:

```
> solve(A,b)
```

앞의 R 코드를 Python 코드로 바꾸면 다음과 같다.

Python 스크립트 (linear algebra basic.ipynb)

```
import numpy as np

# Creating the matrices A and b
A = np.array([[2, -5, 4],
              [1, -2, 1],
              [1, -4, 6]], dtype="float")
b = np.array([[-3],
              [5],
              [10]], dtype="float")
p = A.shape[0]
U_pls = np.hstack((A, b))

# Performing the matrix operations
for i in range(p):
    U_pls[i, i+1:] /= U_pls[i,i]
    U_pls[i, i] = 1
    if i < p - 1:
        for k in range(i + 1, p):
            U_pls[k] -= U_pls[k, i] * U_pls[i]

# Solving for x
x = np.zeros(p)
for i in range(p - 1, -1, -1):
    if i < p - 1:
        temp = sum(U_pls[i, j] * x[j] for j in range(i + 1, p))
        x[i] = U_pls[i, p] - temp
    else:
        x[i] = U_pls[i, p]
x
```

Python 출력:

```
array([124.,  75.,  31.]))
```

Python에서 선형연립방정식의 해를 구하기 위한 내장 함수(built-in function)는 `numpy.linalg.solve()`이다.

```
# solving linear simultaneous equations using numpy.linalg.solve()
import numpy as np

A = np.array([[ 2,-5, 4],
              [ 1,-2, 1],
              [ 1,-4, 6]])
b = np.array([-3, 5, 10])
x = np.linalg.solve(A, b)
x
```

Python 출력:

```
array([124.,  75.,  31.]))
```

역행렬

$p \times p$ 행렬 A에 대하여 $AX = I_p$를 만족하는 $p \times p$ 행렬 X를 A의 역행렬(inverse matrix)이라고 한다 (여기서 I_p는 $p \times p$ 항등행렬 identity matrix). 따라서 $X = (x_1, x_2, \cdots, x_p)$를 구하려면 식 (1)과 같은 형태의 다음 p개 선형연립방정식을 풀어야 한다.

$$Ax_1 = e_1, Ax_2 = e_2, \cdots, Ax_p = e_p, \tag{9}$$

여기서 $x_1, x_2, \cdots, x_p$는 행렬 X의 p개 열이고

$$e_1 = \begin{pmatrix} 1 \\ 0 \\ \vdots \\ 0 \end{pmatrix}, e_2 = \begin{pmatrix} 0 \\ 1 \\ \vdots \\ 0 \end{pmatrix}, \cdots, e_p = \begin{pmatrix} 0 \\ 0 \\ \vdots \\ 1 \end{pmatrix}.$$

식 (9)의 해 $x_1, x_2, \cdots, x_p$를 열로 묶으면 그것이 A의 역행렬, 즉 A^{-1}이다.

다음 R 스크립트는 $A = \begin{pmatrix} 2 & -5 & 4 \\ 1 & -2 & 1 \\ 1 & -4 & 6 \end{pmatrix}$의 역행렬을 계산하기 위한 것이다.

R 스크립트 (linear algebra inverse.r)

```
# Inverse matrix of pxp matrix A

A <- matrix(c(2,-5,4,1,-2,1,1,-4,6),byrow=T,nrow=3,ncol=3)
p <- nrow(A)
E <- diag(rep(1,p))
A.E <- cbind(A,E)
A.E
for (i in 1:p){
    for (j in (i+1):(p+p)) A.E[i,j] <- A.E[i,j]/A.E[i,i]
    A.E[i,i] <- 1
    if (i < p) {
       for (k in (i+1):p) A.E[k,] <-
                 A.E[k,] - A.E[k,i]/A.E[i,i]*A.E[i,]
    }
}
A.E
X <- matrix(0,p,p)
for (i in p:1){
  if (i < p){
     temp <- rep(0,p)
     for (j in (i+1):p) temp <- temp + A.E[i,j]*X[j,]
     X[i,] <- A.E[i,(p+1):(p+p)] - temp
  }
```

```
  else X[i,] <- A.E[i,(p+1):(p+p)]
}
X
A %*% X
```

R 출력:

```
> A.E
     [,1] [,2] [,3] [,4] [,5] [,6]
[1,]    2   -5    4    1    0    0
[2,]    1   -2    1    0    1    0
[3,]    1   -4    6    0    0    1

> A.E
     [,1] [,2] [,3] [,4] [,5] [,6]
[1,]    1 -2.5    2  0.5    0    0
[2,]    0  1.0   -2 -1.0    2    0
[3,]    0  0.0    1 -2.0    3    1

> X
     [,1] [,2] [,3]
[1,]   -8   14    3
[2,]   -5    8    2
[3,]   -2    3    1
> A %*% X
     [,1] [,2] [,3]
[1,]    1    0    0
[2,]    0    1    0
[3,]    0    0    1
```

* R의 내장 함수 solve를 쓰면 역행렬을 간편하게 얻을 수 있다:

```
  > solve(A)
```

Python에서 내장 함수 `numpy.linalg.inv()`를 써서 역행렬을 구할 수 있다.

대칭행렬의 고유값과 고유벡터

대칭인 $p \times p$ 행렬 A에 대하여 $Av = \lambda v$를 만족하는 $p \times 1$ 단위벡터 v ($v^t v = 1$)와 실수 λ를 A의 고유벡터(eigenvector)와 고유값(eigenvalue)이라고 한다. 대칭행렬 A가 0이 아닌 어떤 $p \times 1$ 벡터 x에 대하여도 $x^t A x \geqq 0$이면 비음의 정부호 행렬(nonnegative definite matrix)이라고 한다.

수학 이론에 따르면 비음의 정부호 대칭 행렬 A는

$$A = \lambda_1 v_1 v_1^t + \lambda_2 v_2 v_2^t + \cdots + \lambda_p v_p v_p^t, \tag{10}$$

$$\lambda_1 \geq \lambda_2 \geq \cdots \geq \lambda_p > 0, \; v_j^t v_k = 0 \; (j \neq k),$$

즉

$$A = V D_\lambda V^t, \quad D_\lambda = \mathrm{diag}(\lambda_1, \lambda_2, \cdots, \lambda_p), \quad V^t V = I_p$$

로 표현되므로

$$A^n = V D_\lambda^n V^t = V D_{\lambda^n} V^t, \quad n = 1, 2, 3, \cdots$$

가 된다. 따라서 가장 큰 고유값이 유일한 경우($\lambda_1 > \lambda_k$, $k = 2, \cdots, p$)에는

$$\begin{aligned} A^n x &= V D_\lambda^n V^t x = \lambda_1^n v_1 v_1^t + \lambda_2^n v_2 v_2^t + \cdots + \lambda_p^n v_p v_p^t \\ &= \lambda_1^n v_1 v_1^t \left(1 + (\lambda_2/\lambda_1)^n v_2 v_2^t + \cdots + (\lambda_p/\lambda_1)^n v_p v_p^t\right) x \\ &\simeq \lambda_1^n v_1 v_1^t x \propto \lambda_1^n v_1, \quad \text{큰 } n\text{에 대하여} \end{aligned}$$

이다. 따라서

$$\frac{A^n x}{\| A^n x \|} \to v_1, \quad \frac{\| A^{n+1} x \|}{\| A^n x \|} \to \lambda_1, \quad \text{as } n \to \infty.$$

위 식에서 n을 충분히 크게 하여 첫 번째 고유벡터 v_1과 고유값 λ_1이 산출될

수 있다. 두 번째 고유벡터 v_2과 고유값 λ_2는 $A - \lambda_1 v_1 v_1^t \ (= A_1)$에 위의 방법을 적용하여 얻을 수 있고 이런 방식을 거듭, 거듭, … 적용함으로써 비음의 정부호 대칭 행렬 A의 마지막 고유벡터 v_p과 고유값 λ_p를 얻을 수 있다.

다음 R 스크립트는 $A = \begin{pmatrix} 1 & 0.4 & 0.2 \\ 0.4 & 1 & 0.4 \\ 0.2 & 0.4 & 1 \end{pmatrix}$의 고유벡터와 고유값을 계산하기 위한 것이다.

R 스크립트 (linear algebra eigenvalue.r)

```
# Eigenvalues and eigenvectors of symmetric matrix

A <- matrix(c(1,0.4,0.2,0.4,1,0.4,0.2,0.4,1),byrow=T,nrow=3)
x0 <- as.vector(c(1,0,0))
diff <- 1
eps <- 0.0001
count <- 0
while(diff > eps){
  x1 <- A %*% x0
  lambda <- sqrt(sum(x1*x1)/sum(x0*x0))
  x1 <- x1/sqrt(sum(x1*x1))
  diff <- sqrt(sum((x1-x0)*(x1-x0)))
  x0 <- x1
  count <- count+1
}
round(x0,4)
round(lambda,4)
count
A <- A - lambda*x0%*%t(x0)
# repeat: return to the line "x0 <- as.vector(c(1,0,0))"
```

R 출력

```
> round(x0,4)
       [,1]
[1,] 0.5418
[2,] 0.6426
[3,] 0.5417
> round(lambda,4)
[1] 1.6745
> count
[1] 13
>
> round(x0,4)
        [,1]
[1,]  0.7071
[2,] -0.0002
[3,] -0.7071
> round(lambda,4)
[1] 0.8
> count
[1] 20
>
> round(x0,4)
        [,1]
[1,]  0.4542
[2,] -0.7662
[3,]  0.4546
> round(lambda,4)
[1] 0.5255
> count
[1] 2
```

* 다음은 R의 eigen() 함수로 계산한 행렬 A의 고유벡터와 고유값이다.

```
> A <- matrix(c(1,0.4,0.2,0.4,1,0.4,0.2,0.4,1),
+             byrow=T,nrow=3)
> e.A <- eigen(A)
```

```
> round(e.A$vectors,4)
        [,1]    [,2]    [,3]
  [1,] -0.5418  0.7071  0.4544
  [2,] -0.6426  0.0000 -0.7662
  [3,] -0.5418 -0.7071  0.4544

> round(e.A$values,4)
  [1] 1.6745 0.8000 0.5255
```

Python에서 내장 함수 numpy.linalg.eig()를 써서 고유값과 고유벡터를 간편하게 얻을 수 있다.

```
import numpy as np

C = np.array([[1.0, 0.4, 0.2],
              [0.4, 1.0, 0.4],
              [0.2, 0.4, 1.0]])
values, Vectors = np.linalg.eig(C)

print(values)
# [1.67445626         0.8              0.52554374]
print(Vectors)
# [[-5.41774320e-01 -7.07106781e-01  4.54401349e-01]
#  [-6.42620551e-01  4.27940346e-17 -7.66184591e-01]
#  [-5.41774320e-01  7.07106781e-01  4.54401349e-01]]
```

행렬식(determinant)

2×2 행렬 $A=\begin{pmatrix} a_{11} & a_{12} \\ a_{21} & a_{22} \end{pmatrix}$의 행렬식은

$$\det(A) := a_{11}\,a_{22} - a_{21}\,a_{22}$$

이다. 이 값은 2차원 평면에서 원점 $(0,0)$과 A의 첫째 행 $(a_{11},\ a_{12})$을 잇는 변, 원점 $(0,0)$과 A의 둘째 행 $(a_{21},\ a_{22})$을 잇는 변이 이루는 평행사변형의 면적과 관련이 있다.

3×3 행렬 $A = \begin{pmatrix} a_{11} & a_{12} & a_{13} \\ a_{21} & a_{22} & a_{23} \\ a_{31} & a_{32} & a_{33} \end{pmatrix}$의 행렬식은

$$\det(A) := a_{11}\,a_{12}\,a_{13} + a_{12}\,a_{23}\,a_{31} + a_{13}\,a_{21}\,a_{32} - a_{13}\,a_{22}\,a_{31} - a_{12}\,a_{21}\,a_{33} - a_{11}\,a_{23}\,a_{32}$$

이고, 이 값은 3차원 공간에서 평행육면체의 부피와 관련이 있다.
일반적으로 $n\times n$ 정사각행렬 A의 행렬식은

$$\det(A) := \sum_{all\ (j_1,\, j_2,\, \cdots\ ,\, j_n)} sgn(j_1\,, j_2\,, \cdots\ , j_n)\; a_{1\,j_1} a_{2\,j_2} \cdots\ a_{n\,j_n}$$

로 정의되는데, 여기서 $(j_1\,, j_2\,, \cdots\ , j_n)$은 $(1, 2, \cdots\ , n)$의 순열(permutation)이고 $sgn(j_1\,, j_2\,, \cdots\ , j_n)$은 $\sum_{i\,=\,1}^{n} \sum_{i' > i} I(a_{j_i} > a_{j_{i'}})$이 짝이면 $+1$, 홀이면 -1이다.
예컨대 순열 $(2, 3, 1)$의 부호는 $+1$이고 $(3, 2, 1)$의 부호는 -1이다 $(n=3)$.

다음은 행렬식의 정의에 따라 정사각행렬의 행렬식(determinant)을 산출하는 R 스크립트이다. $(1, 2, \cdots\ , n)$의 모든 순열을 리스트하기 위하여 combinat 패키지의 permn() 함수를 썼다. permn(n) 함수는 $(1, 2, \cdots\ , n)$의 모든 순열 $n!$개를 리스트에 담아 돌려준다(linear algebra determinant.r).

```
library(combinat)
det.matrix <- function(A) {
   n <- nrow(A)
   P <- permn(n)
   m <- length(P)
   sum_ <- 0
   for (k in 1:m) {
      prod_ <- 1
      for (i in 1:n) {
         prod_ <- prod_ * A[i,P[[k]][i]]
```

```
        }
        sum_ <- sum_ + ifelse(sgn(P[[k]])==0,1,-1) * prod_
    }
    return(sum_)
}
sgn <- function(x) {
    m <- length(x)
    prod_ <- 0
    for (i in 1:(n-1)) {
        prod_ <- prod_ + sum(x[i] > x[(i+1):n])
    }
    return(prod_ %% 2)
}
```

다음은 수치 예이다.

```
> n <- 5
> A <- matrix(sample(1:(n*n)),n,n)
> A
     [,1] [,2] [,3] [,4] [,5]
[1,]    7    6   21   10   17
[2,]    3    1   23   15   22
[3,]    2   16   24    8    4
[4,]   13   20   19   14   25
[5,]    9   18    5   12   11

> det.matrix(A)
[1] 227656
```

R에서 행렬식 계산을 위한 내장 함수는 det()이다.

```
> det(A)
[1] 227656
```

Python에서는 numpy.linalg.det()를 써서 정사각 행렬의 determinant를 간편하게 얻을 수 있다.

회전, 반전, 사영을 위한 선형변환

$p(\geqq 2)$ 차원 공간에서의 회전(回轉, rotation), 반전(反轉, reflection), 사영(射影, projection)은 $p\times 1$ 벡터 x의 선형변환(linear transformation) Ax의 형태로 표현 된다 (A는 $p\times p$ 행렬). 그 이유는 다음과 같다.

p가 2인 경우, 즉 2차원 평면을 생각하자. (x_1, x_2)를 원점을 중심으로 시계반대 방향으로 θ만큼 회전시킨 점 (x_1', x_2')은 다음과 같이 얻어진다.

$$x_1' = x_1 \cos\theta - x_2 \sin\theta\,,$$
$$x_2' = x_1 \sin\theta + x_2 \cos\theta\,.$$

왜냐하면 $(1,0)$가 $(\cos\theta, \sin\theta)$로 옮겨가고 $(0,1)$이 $(-\sin\theta, \cos\theta)$로 옮겨가야 하기 때문이다. 따라서 2차원 평면에서의 회전은 다음 선형변환으로 표현된다.

$$x' = A_2\, x\,,$$

여기서

$$x' = \begin{pmatrix} x_1' \\ x_2' \end{pmatrix}, \quad A_2 = \begin{pmatrix} \cos\theta & -\sin\theta \\ \sin\theta & \cos\theta \end{pmatrix}, \quad x = \begin{pmatrix} x_1 \\ x_2 \end{pmatrix}.$$

2차원 평면상의 점 (x_1, x_2)를 원점과 임의 점 (c_1, c_2)를 잇는 직선을 축으로 반전하여 얻어지는 점 (x_1', x_2')은 다음 선형변환으로 표현된다.

$$x' = K_2 x\,,$$

여기서

$$K_2 = \frac{1}{c_1^2 + c_2^2}\begin{pmatrix} c_1^2 - c_2^2 & 2\,c_1 c_2 \\ 2\,c_1 c_2 & c_2^2 - c_1^2 \end{pmatrix}.$$

이것의 증명은 생략한다.

3차원 공간내의 점 (x_1, x_2, x_3)을 원점과 단위벡터 (u_1, u_2, u_3)를 잇는 직선을 축으로 시계반대 방향으로 θ만큼 회전하여 얻어지는 점 (x_1', x_2', x_3')은 다음 선형변환으로 표현된다 (Wikipedia, “transformation matrix”).

$$x' = A_3 x ,$$

여기서

$$A_3 = \begin{pmatrix} u_1^2(1-\cos\theta)+\cos\theta & u_1u_2(1-\cos\theta)-u_3\sin\theta & u_1u_3(1-\cos\theta)+u_2\sin\theta \\ u_1u_2(1-\cos\theta)+u_3\sin\theta & u_2^2(1-\cos\theta)+\cos\theta & u_2u_3(1-\cos\theta)-u_1\sin\theta \\ u_1u_3(1-\cos\theta)-u_2\sin\theta & u_2u_3(1-\cos\theta)+u_1\sin\theta & u_3^2(1-\cos\theta)+\cos\theta \end{pmatrix}$$

이고 $u_1^2+u_2^2+u_3^2 = 1$ 이다.

3차원 공간에서 초평면 $u_1x_1+u_2x_2+u_3x_3 = 0$ ($u_1^2+u_2^2+u_3^2 = 1$)에 의한 반전은 선형변환

$$x' = K_3 x$$

으로 표현된다 (Householder transform). 여기서

$$K_3 = I_3 - 2uu^t , \quad u = (u_1, u_2, u_3)^t .$$

$p\ (=2,3,\cdots)$차원 공간에서 벡터 x를 벡터 v에 사영하면 사영점으로

$$\hat{x} = \frac{x^t v}{v^t v} v$$

를 얻는다. 왜냐하면 사영점을 kv로 놓으면

$$x - kv \perp v$$

여야 하므로 $(x-kv)^t v = 0$이기 때문이다 (즉, $k = x^t v / v^t v$). 편의를 위하여 v를 단위벡터로 놓으면 (즉, $v^t v = 1$)

$$\hat{x} = v\,(v^t x) = (v\,v^t)\,x$$

로 표현되므로 x를 $\hat{x}\ (=x')$로 바꾸는 사영변환도 선형변환의 하나이다. 즉

$$x' = Hx , \quad H = v\,v^t .$$

수치 예로서 100개의 모의생성 이변량 자료 (X_1, X_2)에 회전・반전・사영의 선형변환을 해보자. 여기서

$$X_1 \sim N(2, 0.5) , \ X_2 \sim N(3, 0.5) , \ X_1 \text{과 } X_2 \text{는 독립.}$$

그림 1을 보라.

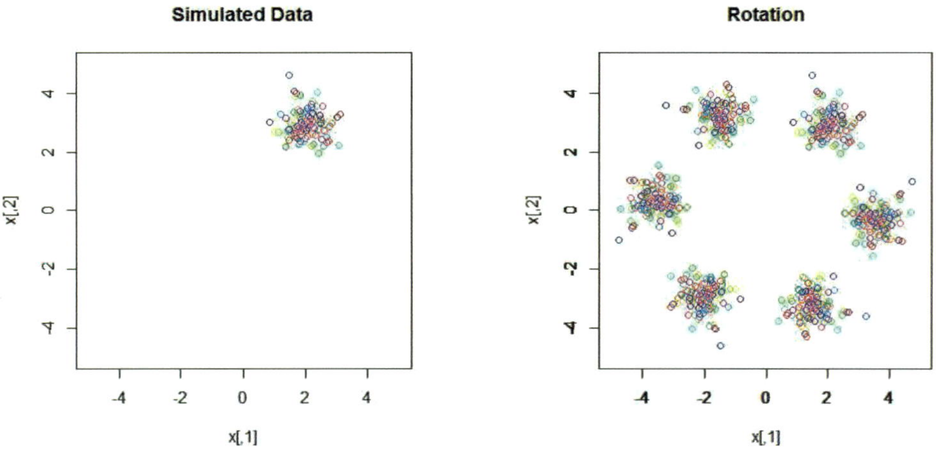

그림 1. 변환대상 자료　　　　　그림 2. 회전

R 스크립트 (linear algebra transform.r)

1) 원점을 중심으로 $\frac{\pi}{3}, 2\frac{\pi}{3}, 3\frac{\pi}{3}, 4\frac{\pi}{3}, 5\frac{\pi}{3}$만큼 회전: 그림 2.

```
set.seed(123)
x <- cbind(rnorm(100,2,0.5),rnorm(100,3,0.5))
# rotation
rotate <- function(x, theta){
   A <- matrix(c(cos(theta),-sin(theta),
                  sin(theta),cos(theta)),2,2,byrow=T)
   return(x %*% t(A))
}
plot(x, xlim=c(-5,5), ylim=c(-5,5),
       col=rainbow(100),main="Rotation")
for (k in 1:5){
  x.prime <- rotate(x, k*pi/3)
  par(new=T)
  plot(x.prime, xlim=c(-5,5), ylim=c(-5,5),
       col=rainbow(100),xlab="",ylab="")
}
```

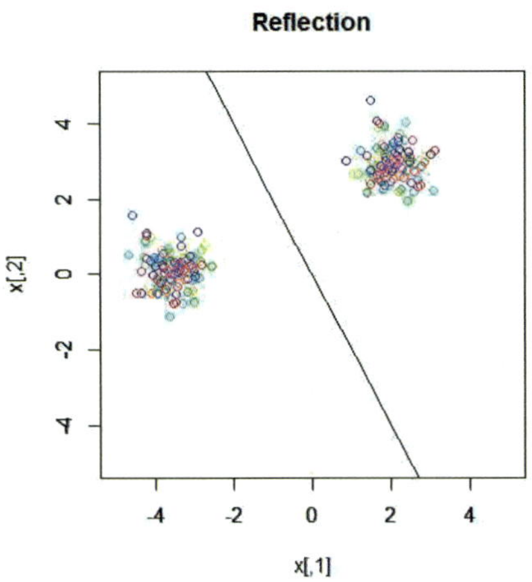

그림 3. 반전

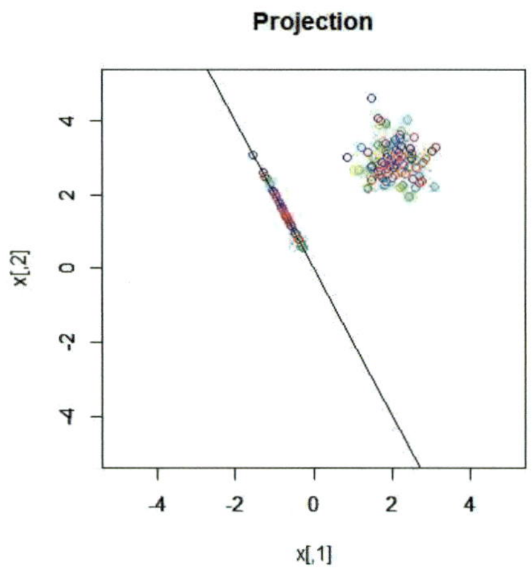

그림 4. 사영

2) 원점과 $(-1,2)$를 연결하는 직선을 축으로 한 반전: 그림 3.

```
# reflection
reflect <- function(x, c){
   c <- c / sqrt(sum(c*c))
   K <- matrix(c(c[1]^2-c[2]^2,2*c[1]*c[2],
               2*c[1]*c[2],c[2]^2-c[1]^2),2,2)
   return(x %*% K)
}
plot(x, xlim=c(-5,5), ylim=c(-5,5),
        col=rainbow(100),main="Reflection")
c <- c(-1,2)
x.prime <- reflect(x,c)
par(new=T)
plot(x.prime, xlim=c(-5,5), ylim=c(-5,5),
        col=rainbow(100),xlab="",ylab="")
abline(c(0,c[2]/c[1]))
```

3) 원점과 $(-1,2)$를 연결하는 직선에 사영: 그림 4.

```
# projection
```

```
project <- function(x, v){
   v <- v / sqrt(sum(v*v))
   H <- v %*% t(v)
   return(x %*% H)
}
plot(x, xlim=c(-5,5), ylim=c(-5,5),
         col=rainbow(100),main="Projection")
v <- c(-1,2)
x.prime <- project(x,v)
par(new=T)
plot(x.prime, xlim=c(-5,5), ylim=c(-5,5),
          col=rainbow(100),xlab="",ylab="")
abline(c(0,v[2]/v[1]))
```

연습문제

1. R 스크립트 linear algebra basic.r을 보완하여 다음 방정식을 풀어보라.

$$\begin{aligned} 2x_1 - 5x_2 + 4x_3 &= -3 \\ x_1 - 2.5x_2 + x_3 &= 5 \\ x_1 - 4x_2 + 6x_3 &= 10 \end{aligned}.$$

2. R 스크립트 linear algebra inverse.r를 보완하여 앞 문제에서의 계수행렬 $A = \begin{pmatrix} 2 & -5 & 4 \\ 1 & -2.5 & 1 \\ 1 & -4 & 6 \end{pmatrix}$의 역행렬을 계산하라.

3* R 함수 det, svd, ginv, image 각각에 하나 씩 예를 들어 설명하라.

4. 아래 그림의 왼쪽 도형이 "Cardioid"이다. 다음 R 스크립트가 사용되었다.

```
theta <- seq(0, 2*pi, pi/180)
r <- 1 - cos(theta)
```

```
x <- r*cos(theta); y <- r*sin(theta)
plot(x,y,xlim=c(-5,5)/2,ylim=c(-5,5)/2,xlab="",ylab="",type="l")
```

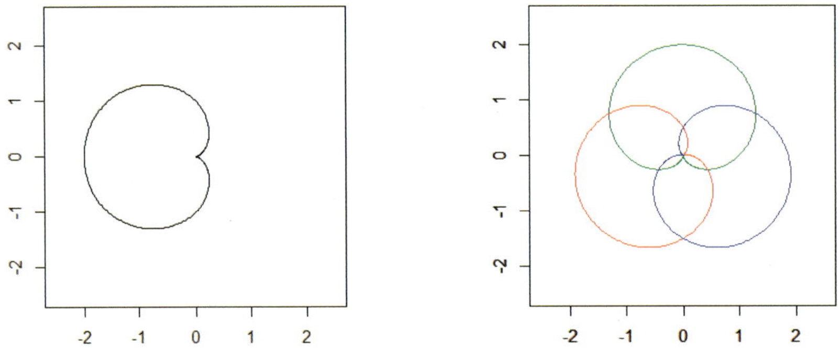

이 도형을 적절하게 회전하여 오른 쪽 플롯을 만들어라.

* par(new=T)를 쓰면 플롯이 겹쳐 찍힌다. 사용된 컬러는 green,red,blue이다.

탐구 1. 다음 R 스크립트(linear algebra reflection.r)를 실행해보면 아래의 왼쪽 그림과 같이 중앙의 삼각형 (V1,V2,V3)에 50개의 점이 찍힌다. 이 점들을 삼각형 (V1,V2,V3)의 세 변을 축으로 반전(reflect)시켜 3개의 빈 삼각형에 넣어라 (아래의 오른 쪽 그림이 완성된 이미지를 보여준다).

```
n <- 25; s <- sqrt(3)
V <- matrix(c(0,s/3,-1/2,-s/6,1/2,-s/6,-1,s/3,1,s/3,0,-2/3*s),
    6,2,byrow=T)
windows(height=6,width=5.5)
plot(V,xlim=c(-1.2,1.2),ylim=c(-3/2,1),xlab="",ylab="")
segments(V[1,1],V[1,2],V[2,1],V[2,2])
segments(V[2,1],V[2,2],V[3,1],V[3,2])
segments(V[3,1],V[3,2],V[1,1],V[1,2])
segments(V[4,1],V[4,2],V[5,1],V[5,2])
segments(V[5,1],V[5,2],V[6,1],V[6,2])
segments(V[6,1],V[6,2],V[4,1],V[4,2])
text(V[1,1],V[1,2]+0.14,"V1")
text(V[2,1]-0.1,V[2,2]-0.1,"V2")
```

```
text(V[3,1]+0.1,V[3,2]-0.1,"V3")
# set.seed(1)
X <- matrix(0,n,2)
for (i in 1:n){
   u1 <- runif(1); u2 <- runif(1)
   X[i,1] <- V[2,1]+ u1 + (1-u1)*u2/2
   X[i,2] <- V[2,2] + (1-u1)*u2/2*s
}
row.order <- order(-X[,2])
X <- X[row.order,]
par(new=T)
plot(X,xlim=c(-1.2,1.2),ylim=c(-3/2,1),xlab="",ylab="",
   col=rainbow(n),cex=2,lwd=2)
```

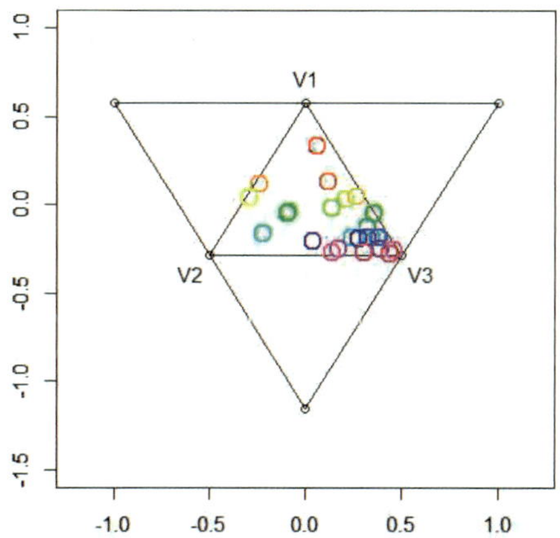

Source Image (Simulated)

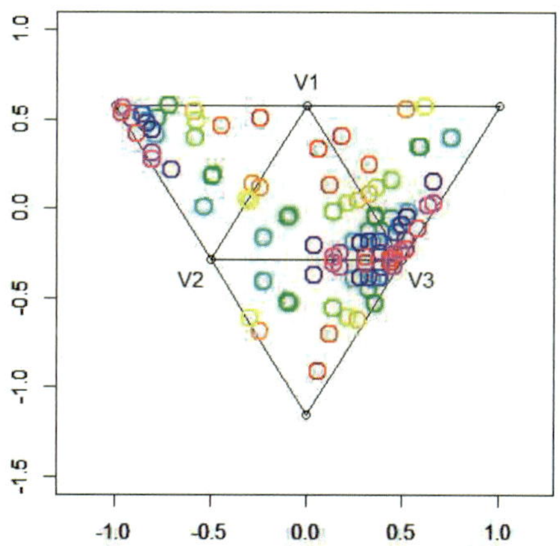

Source Image with Reflections

4장. 수치 미분과 적분

수치 미분

함수 $f:(a,b)\to R$ 가 x 에서 미분가능하다고 하자. 우리는

$$f'(x) = \lim_{h\to 0}\frac{1}{h}\{f(x+h)-f(x)\}$$

로 정의되는 미분계수 $f'(x)$ 의 수치적 근사치를 산출하고자 한다. 한 근사치로

$$D_f(h) = \frac{1}{2h}\{f(x+h)-f(x-h)\}$$

에서 시작해보자. h 를 얼마로 잡는 것이 좋을까, $h=0.1, 0.01, 0.001, \cdots$? 한 가지 분명한 것은 h 가 0에 가까워지면 $D_f(h)$ 의 분자와 분모가 0에 가까워지므로 그 비(比, ratio)가 수치적으로 불안정해지는 현상이 예상된다는 점이다.

함수 f 가 x 에서 여러 번 미분가능하다면 테일러 전개에 의하여

$$f(x+h) = f(x)+f'(x)h+f''(x)\frac{h^2}{2}+f^{(3)}(x)\frac{h^3}{6}+f^{(4)}(x)\frac{h^4}{24}+f^{(5)}(x)\frac{h^5}{120}+\cdots,$$

$$f(x-h) = f(x)-f'(x)h+f''(x)\frac{h^2}{2}-f^{(3)}(x)\frac{h^3}{6}+f^{(4)}(x)\frac{h^4}{24}-f^{(5)}(x)\frac{h^5}{120}+\cdots$$

이므로

$$f(x+h)-f(x-h) = 2f'(x)h+2f^{(3)}(x)\frac{h^3}{6}+2f^{(5)}(x)\frac{h^5}{120}+\cdots$$

으로 표현된다. 따라서

$$D_f(h) = f'(x)+f^{(3)}(x)\frac{h^2}{6}+f^{(5)}(x)\frac{h^4}{120}+\cdots \tag{1}$$

이므로, $D_f(h)$ 를 $f'(x)$ 의 근사치로 쓴다면 불가피하게 h^2 에 비례하는 오차가 수반된다. 따라서 오차를 작게 하려면 h 를 작게 해야 하지만 h 가 작아질수록 $D_f(h)$ 의 분자와 분모가 모두 0으로 가게 되는 문제가 발생한다.

어떻게 하면 (1)에서 h^2 항을 없앨 수 있을까? (1)에 h 대신 $\frac{h}{2}$를 넣어보자.

$$
\begin{aligned}
D_f(\frac{h}{2}) &= \frac{1}{h}\left\{f(x+\frac{h}{2})-f(x-\frac{h}{2})\right\} \\
&= f'(x)+f^{(3)}(x)\,\frac{\left(\frac{h}{2}\right)^2}{6}+f^{(5)}(x)\,\frac{\left(\frac{h}{2}\right)^4}{120}+\cdots \\
&= f'(x)+f^{(3)}(x)\,\frac{h^2}{24}+f^{(5)}(x)\,\frac{h^4}{1920}+\cdots. \qquad (2)
\end{aligned}
$$

이제 식 (2)의 4배에서 식 (1)을 빼보자.

$$4\,D_f(\frac{h}{2})-D_f(h) = 3\,f'(x)-\frac{f^{(5)}(x)}{160}\,h^4+\cdots$$

이 얻어진다. 그러므로

$$
\begin{aligned}
f'(x) &\simeq \frac{1}{3}\left[4\,D_f(\frac{h}{2})-D_f(h)\right] \\
&= \frac{1}{3}\left[4\cdot\frac{1}{h}\left\{f(x+\frac{h}{2})-f(x-\frac{h}{2})\right\}-\frac{1}{2h}\{f(x+h)-f(x-h)\}\right].
\end{aligned}
$$

이 근사치를 리차드슨(Richardson)의 외연(外延, extrapolation)이라고 한다.

$x=0.5$에서 $f(x)=\sin(x)$의 미분계수 $f'(0.5)$를 수치적으로 구해보자.

h를 0.1로 잡으면

$$D_f(0.1) = \frac{1}{0.2}\{f(0.5+0.1)-f(0.5-0.1)\} = 0.8761207,$$

$$D_f(0.05) = \frac{1}{0.1}\{f(0.5+0.05)-f(0.5-0.05)\} = 0.8772169$$

이므로 Richardson의 외연은

$$f'(0.5) \simeq \frac{1}{3}\left[4\,D_f(0.05)-D_f(0.1)\right] = 0.8775824$$

이다. 참고로 정확한 미분계수를 구해보자.

$$f'(x) = \cos(x),\ f'(0.5) = \cos(0.5) = 0.8775826\,.$$

소수점 이하 6째 자리까지 일치한다.

h를 0.01로 잡으면 $f'(0.5)$에 대한 Richardson 외연은 0.8775826이다. 이 값은 참값인 $\cos(0.5)$와 소수점 이하 7째 자리까지 일치한다.

앞서 말한 대로 h값을 machine epsilon인 10^{-16} 정도로 작게 잡으면 $D_f(x)$가 수치적으로 불안정하게 된다. $x = 1$에서 h는 10^{-4} 정도가 적당하다.

R 스크립트 (numerical derivative.r)

```
# numeric derivative by Richardson's extrapolation

f <- function(x) sin(x)
f.1 <- function(x, h) (f(x+h)-f(x-h))/(2*h)
h <- 0.1
d.1 <- f.1(0.5, h)
d.2 <- f.1(0.5, h/2)
d.1
d.2
(4*d.2 - d.1)/3
```

* R 함수 deriv를 써서 미분계수를 단박에 구할 수 있다.

```
  f <- function(x) sin(x)
  g <- deriv(~ sin(x), "x")
  x <- 0.5
  eval(g)
```

* 다음과 같이 numDeriv 또는 mosaic 라이브러리를 쓰는 방법도 있다.

```
  library(numDeriv)
  grad(f, 0.5)
    [1] 0.8775826

  library(mosaic)
  g <- D(sin(x) ~ x)
  g(x=0.5)                          # 0.8775826
```

다음은 미분계수를 수치적으로 구하는 Python 스크립트이다.

```
import numpy as np
def f(x):
    return np.sin(x)
def f_1(x, h):
    return (f(x + h) - f(x - h)) / (2 * h)

x = 0.5
h = 0.1

d_1 = f_1(x, h)
d_2 = f_1(x, h / 2)

d_1, d_2, (4 * d_2 - d_1) / 3
```

출력은 R에서와 같다. Python에서 수치적 미분계수를 내장함수로 산출하려면 다음과 같이 scipy.misc 모듈에서 derivative() 함수를 따오면 된다.

```
from scipy.misc import derivative
x = 0.5
derivative(f, x, dx = 1e-1)          # 0.8761206554319242
```

이 함수는 $D_f(x)$ 값을 준다. h (=dx)를 더 작게 하면

```
derivative(f, x, dx = 1e-4)          # 0.8775825604276366
```

다음은 Python에서 기호(symbol) 미분하여 도함수를 구하고 그 도함수에 x 값을 대입하여 미분계수를 산출하는 방법이다 (numerical derivative.ipynb).

```
from sympy import symbols, diff, sin
x = symbols('x')
f = sin(x)
df = diff(f, x)
print("The derivative of f with respect to x is:", df)
```

```
## The derivative of f with respect to x is: cos(x)
```

$x = 0.5$에서 미분계수 $f'(0.5)$은 수치적으로

```
df_at_0_5 = df.subs(x, 0.5).evalf()
print("The derivative of f at x = 0.5 is:", df_at_0_5)
## The derivative of f at x = 0.5 is: 0.877582561890373
```

수치 적분

함수 $f : (a,b) \to R$이 적분가능하다고 하자. 우리의 목표는 $\int_a^b f(x)dx \,(= I)$를 수치적으로 구하는 데 있다.

구간 (a,b)를 n개로 등분하자. 그러면 1개 구간의 폭은 $h = (b-a)/n$이 되고 i번째 구간은 (x_i, x_{i+1})로 나타낼 수 있다 ($x_i = a + h(i-1)$, $i = 1, \cdots, n$; $x_{n+1} = b$). 그리고

$$I = \sum_{i=1}^{n} \int_{x_i}^{x_{i+1}} f(x)dx$$

이다. I에 대한 직관적인 근사는 i번째 항 $\int_{x_i}^{x_{i+1}} f(x)dx$를 높이 $f(\frac{x_i + x_{i+1}}{2})$, 너비 h의 직사각형으로 간주하여 얻는

$$\sum_{i=1}^{n} f(\frac{x_i + x_{i+1}}{2})h \quad (= S_1)$$

이다. 이것이 얼마나 정확할까?

I의 i번째 항 $\int_{x_i}^{x_{i+1}} f(x)dx$에 대한 표현을

$$\int_{-h_1}^{h_1} g_i(u)du, \quad \text{여기서 } x - \frac{x_i + x_{i+1}}{2} = u,\ f(x) = g_i(u),\ h_1 = \frac{h}{2}$$

로 바꿔 쓰자 (간결성을 위하여). 함수 g_i가 여러 번 미분가능하다면

$$g_i(u) = g_i(0) + g_i{}'(0)\,u + g_i{}''(0)\,\frac{u^2}{2} + g_i^{(3)}(0)\,\frac{u^3}{6} + g_i^{(4)}(0)\,\frac{u^4}{24} + \cdots$$

이므로

$$\int_{-h_1}^{h_1} g_i(x)\,dx = g_i(0)\int_{-h_1}^{h_1} du + g_i{}''(0)\int_{-h_1}^{h_1}\frac{u^2}{2}\,du + g_i^{(4)}(0)\int_{-h_1}^{h_1}\frac{u^4}{24}\,du + \cdots$$

$$= g_i(0)\,2h_1 + g_i{}''(0)\,\frac{h_1^3}{3} + g_i^{(4)}(0)\,\frac{h_1^5}{60} + \cdots$$

$$= f\left(\frac{x_i + x_{i+1}}{2}\right)h + f''\left(\frac{x_i + x_{i+1}}{2}\right)\frac{h^3}{24} + f^{(4)}\left(\frac{x_i + x_{i+1}}{2}\right)\frac{h^5}{1920} + \cdots$$

이 된다. 따라서

$$\sum_{i=1}^{n}\int_{-h_1}^{h_1} g_i(u)\,du\ (= I) = \sum_{i=1}^{n} f\left(\frac{x_i + x_{i+1}}{2}\right)h$$

$$+ \sum_{i=1}^{n} f''\left(\frac{x_i + x_{i+1}}{2}\right)\frac{h^3}{24} + \sum_{i=1}^{n} f^{(4)}\left(\frac{x_i + x_{i+1}}{2}\right)\frac{h^5}{1920} + \cdots.$$

$$\therefore\quad I - S_1 = \sum_{i=1}^{n} f''\left(\frac{x_i + x_{i+1}}{2}\right)\frac{h^3}{24} + \sum_{i=1}^{n} f^{(4)}\left(\frac{x_i + x_{i+1}}{2}\right)\frac{h^5}{1920} + \cdots.$$

즉, I와 S_1의 차이는 h^3에 비례한다.

I에 대한 근사로서 직사각형 대신 사다리꼴을 쓰는

$$\sum_{i=1}^{n}\frac{f(x_i) + f(x_{i+1})}{2}\,h \quad (= S_2)$$

는 얼마나 정확할까, S_2가 S_1보다 나을까?

$$f(x_i) = f\left(\frac{x_i + x_{i+1}}{2}\right) - f'\left(\frac{x_i + x_{i+1}}{2}\right)\frac{h}{2} + \frac{1}{2}f''\left(\frac{x_i + x_{i+1}}{2}\right)\left(\frac{h}{2}\right)^2$$

$$-\frac{1}{6}f''\left(\frac{x_i + x_{i+1}}{2}\right)\left(\frac{h}{2}\right)^3 + \frac{1}{24}f''\left(\frac{x_i + x_{i+1}}{2}\right)\left(\frac{h}{2}\right)^4 + \cdots,$$

$$f(x_{i+1}) = f\left(\frac{x_i + x_{i+1}}{2}\right) + f'\left(\frac{x_i + x_{i+1}}{2}\right)\frac{h}{2} + \frac{1}{2}f''\left(\frac{x_i + x_{i+1}}{2}\right)\left(\frac{h}{2}\right)^2$$

$$+ \frac{1}{6} f^{(3)}(\frac{x_i + x_{i+1}}{2}) \left(\frac{h}{2}\right)^3 + \frac{1}{24} f^{(4)}(\frac{x_i + x_{i+1}}{2}) \left(\frac{h}{2}\right)^4 + \cdots .$$

따라서

$$\sum_{i=1}^{n} \frac{f(x_i) + f(x_{i+1})}{2} h = \sum_{i=1}^{n} f(\frac{x_i + x_{i+1}}{2}) h + \sum_{i=1}^{n} f''(\frac{x_i + x_{i+1}}{2}) \frac{h^3}{8}$$
$$+ \sum_{i=1}^{n} f^{(4)}(\frac{x_i + x_{i+1}}{2}) \frac{h^5}{384} + \cdots .$$

$$\therefore \quad I - S_2 = - \sum_{i=1}^{n} f''(\frac{x_i + x_{i+1}}{2}) \frac{h^3}{12} - \sum_{i=1}^{n} f^{(4)}(\frac{x_i + x_{i+1}}{2}) \frac{h^5}{480} + \cdots .$$

따라서 I와 S_2의 차이도 h^3에 비례한다 (그러나 h^3 항의 비례계수를 비교해보면 $I - S_1$이 $I - S_2$보다 작다). 아무튼

$$2(I - S_1) + I - S_2 = - \sum_{i=1}^{n} f^{(4)}(\frac{x_i + x_{i+1}}{2}) \frac{h^5}{960} + \cdots \simeq 0$$

이므로, I에 대한 더 좋은 근사치는 심프슨의 공식(Simpson's formula)인

$$\frac{1}{3}(2S_1 + S_2) = \frac{h}{3} \sum_{i=1}^{n} \left\{ \frac{1}{2} f(x_i) + 2 f(\frac{x_i + x_{i+1}}{2}) + \frac{1}{2} f(x_{i+1}) \right\} (= S_3)$$

이다. 심프슨의 근사는 참값과의 오차가 h^5에 비례한다.

표준정규분포 $N(0,1)$에서 0과 1 사이의 확률인 $\int_0^1 \frac{1}{\sqrt{2\pi}} \exp\left(-\frac{x^2}{2}\right) dx$를 계산해보자. 적분구간 $(0,1)$을 $10 (= n)$등분하는 경우 (20등분하는 경우)

- 직사각형 공식: $S_1 = 0.3414456 \quad (0.3413700)$,
- 사다리꼴 공식: $S_2 = 0.3411430 \quad (0.3412943)$,
- 심프슨의 공식: $S_3 = 0.3413448 \quad (0.3413447)$.

참고로 R의 pnorm 함수로 구한 $P\{0 \leqq Z \leqq 1\} = 0.3413447$이다 ($Z$는 $N(0,1)$ 확률변수).

R 스크립트 (numerical integral.r)

```
# numeric integral
f <- function(x) 1/sqrt(2*pi)*exp(-x^2/2)
rectangle <- function(f,a,b,n){
    y <- f(a+(b-a)/(2*n)*seq(1,2*n-1,2))
    s <- sum(y)*(b-a)/n
    return(s)
  }
trapezoid <- function(f,a,b,n){
    y <- f(a+(b-a)/(2*n)*seq(0,2*n,2))
    s <- (y[1]+2*sum(y[2:n])+y[n+1])*(b-a)/(2*n)
    return(s)
  }
simpson <- function(f,a,b,n){
    y <- f(a+(b-a)/(2*n)*seq(0,2*n,1))
    temp.1 <- 0; temp.2 <- 0
    for (i in seq(1,2*n-1,2)) temp.1 <- temp.1+y[i+1]
    for (i in seq(2,2*(n-1),2)) temp.2 <- temp.2+y[i+1]
    temp <- f(a)+2*temp.2+4*temp.1+f(b)
    s <- (b-a)/n*temp/6
    return(s)
  }
n <- 10
rectangle(f,0,1,n)
trapezoid(f,0,1,n)
simpson(f,0,1,n)
pnorm(1)-pnorm(0)
```

R의 내장 함수 integrate()가 수치적분을 해준다. integrate()도 직사각형 공식을 쓰지만 구간의 폭 h를 적응적(adaptive)으로 설정하므로[1] 앞의 세 방식과는 달리 n을 지정할 필요가 없다.

1) 피적분 함수 $f(x)$의 '곡률'이 일정 값 이상이면 구간 폭 h를 절반으로 줄인다. '곡률'은 $|f''(x)|$로 알 수 있다.

```
f <- function(x) 1/sqrt(2*pi)*exp(-x^2/2)
integrate(f, 0,1)
## 0.3413447 with absolute error < 3.8e-15
```

Python에서는 심프슨 공식의 수치적분을 다음과 같이 한다. scipy.integrate 모듈의 함수 simps()를 쓴다 (numerical integral.ipynb).

```
import numpy as np
from scipy.integrate import simps
def f(x):
   return(1 / np.sqrt(2*np.pi) * np.exp(-x*x/2))
a, b = 0, 1
N = 20          # This is the number of x points to evaluate f(x)
x = np.linspace(a, b, N+1)
y = f(x)
result = simps(y, x)
print("The integral using Simpson's rule is:", result)
## The integral using Simpson's rule is: 0.3413447628870818
```

이중적분(double integral)*

2개 변수의 실수값 함수 $f(x,y)$에 적용되는 이중적분 $\int_E\int f(x,y)\,dy\,dx\ (=I)$는 xy-영역 E와 그 위에서의 표면 $f(x,y)$ 사이 물체의 부피이다. 통계학의 맥락에서 $f(x,y)$는 확률밀도이고 적분 I는 사건 E의 확률 $P\{(X,Y)\in E\}$이다.

E가 직사각 영역인 경우, 즉 $E=(a,b)\times(c,d)$인 경우

$$I \simeq \sum_{i=1}^{m}\sum_{j=1}^{n}\bar{f}_{ij}\,\Delta x\,\Delta y$$

로 표현될 수 있다. 여기서 $\Delta x=(b-a)/m$, $\Delta y=(d-c)/n$이고 $\bar{f}_{ij}$는 "x의 i번째 구간" × "y의 j번째 구간"의 평균적 높이이다.

일변량 함수의 적분에 활용되는 심프슨 공식이 이중적분에서 다음과 같이 확장된다.

$$\begin{aligned}\bar{f}_{ij} = \frac{1}{36}\{ \quad & f(x_i, y_j) \ + 4f(x_i, \frac{y_j + y_{j+1}}{2}) \ + f(x_i, y_{j+1}) \\ & + 4f(\frac{x_i + x_{i+1}}{2}, y_j) + 16f(\frac{x_i + x_{i+1}}{2}, \frac{y_j + y_{j+1}}{2}) + 4f(\frac{x_i + x_{i+1}}{2}, y_{j+1}) \\ & + f(x_{i+1}, y_j) + 4f(x_{i+1}, \frac{y_j + y_{j+1}}{2}) + f(x_{i+1}, y_{j+1})\},\end{aligned}$$

여기서

$$x_i = a + \frac{(b-a)}{m}(i-1), \ i = 1, \cdots, m; \ x_{m+1} = b,$$

$$y_j = c + \frac{(d-c)}{n}(j-1), \ j = 1, \cdots, n; \ y_{n+1} = d.$$

그러므로 이 방법은 적분영역 E의 (i,j) 구역 $(x_i, x_{i+1}) \times (y_j, y_{j+1})$을 2*2개로 등분하여 각 그리드 점에 다음과 같은 가중치를 두는 방법이다.

$$W = \frac{1}{36}\begin{pmatrix} 1 & 4 & 1 \\ 4 & 16 & 4 \\ 1 & 4 & 1 \end{pmatrix}.$$

E가 직사각 영역이 아닌 경우에는 E를 포함하도록 $(a,b) \times (c,d)$를 설정하고

$$I \simeq \sum_{(\frac{x_i + x_{i+1}}{2}, \frac{y_j + y_{j+1}}{2}) \in E} \sum \bar{f}_{ij} \ \Delta x \Delta y$$

로 할 수 있다. 즉 (i,j) 구역 $(x_i, x_{i+1}) \times (y_j, y_{j+1})$의 중간점이 E에 포함되는 경우에만 $\bar{f}_{ij} \Delta x \Delta y$를 쌓는다는 것이다.

한 예로서, 이변량 표준정규분포에서 $P\{X^2 + Y^2 \leqq 1, X \geqq 0, Y \geqq 0\}$를 구해보자. 여기서 X와 Y는 독립적으로 $N(0,1)$ 분포를 따르는 확률변수이다. 즉, (X, Y)의 확률밀도함수는

$$f(x,y) = \frac{1}{2\pi}\exp(-\frac{x^2 + y^2}{2})$$

이고, 우리의 목표는

$$I = \int\int_{x^2+y^2 \leqq 1,\, x \geqq 0,\, y \geqq 0} f(x,y)\,dx\,dy$$

를 산출하는 것이다. I의 근사값 산출을 위하여 x의 구간 $[0,1]$과 y의 구간 $[0,1]$을 각각 n등분하여 심프슨의 공식을 적용하여 보았다. $n=10\,(50)$으로 한 결과, 심프슨 근사값은 $0.0988\,(0.0984)$로 산출되었다. 참고로, I의 정확 값은 $(1-e^{-1})/4$인 0.0984이다.

R 스크립트 (numerical double integral.r)

```
# numeric double integral for bivariate normal distribution
# integral for 0 < x < 1, 0 < y < 1, x^2 +y ^2 < 1

f <- function(u, v) 1/(2*pi)*exp(-0.5*(u^2+v^2))
n <- 10; n2 <- n*2
x <- (0:n2)/n2
y <- (0:n2)/n2
h <- 1/n
W <- matrix(c(1,4,1,4,16,4,1,4,1),nrow=3)
temp <- 0
for (i in 1:n){
   for (j in 1:n){
      r2 <- x[2*i]^2+y[2*j]^2
      if(r2 < 1) {
         row1 <- c(f(x[2*i-1],y[2*j-1]),f(x[2*i-1],y[2*j]),
+                                 f(x[2*i-1],y[2*j+1]))
         row2 <- c(f(x[2*i+0],y[2*j-1]),f(x[2*i+0],y[2*j]),
+                                 f(x[2*i+0],y[2*j+1]))
         row3 <- c(f(x[2*i+1],y[2*j-1]),f(x[2*i+1],y[2*j]),
+                                 f(x[2*i+1],y[2*j+1]))
         F <- rbind(row1,row2,row3)
         temp <-temp+sum(W*F)
      }
   }
}
```

```
prob <- temp*(h^2)/36
prob
```

이중적분은 일변량 적분의 반복을 통하여 얻어질 수 있다. 즉, 적분영역 E가

$$E = \{(x,y):\ a \leq x \leq h(y),\ c \leq y \leq d\}$$

로 표현되는 경우

$$\int\int_E f(x,y)\,dx\,dy = \int_c^d \left[\int_a^{h(y)} f(x,y)\,dx \right] dy$$

이므로 이를 활용하는 것이다. R의 integrate 함수를 써서 앞의 적분 I를 다음과 같이 계산할 수 있다. 결과 값은 0.0984이다.

```
> integrate(function(y) {
+       sapply(y, function(y){
+           integrate(function(x)
+               1/(2*pi)*exp(-(x^2+y^2)/2),0,sqrt(1-y^2))$value
+           })
+ }, 0, 1)
```

다음은 같은 계산을 위한 `Python` 스크립트이다 (numerical integral.ipynb).

```
import numpy as np
from scipy.integrate import dblquad
def integrand(x, y):
    return 1 / (2*np.pi) * np.exp(-(x**2 + y**2)/2)

integral, err = dblquad(integrand, 0, 1,
    lambda x: 0, lambda x: np.sqrt(1-x**2))
print("Integral:", integral)
print("Error:", err)
```

```
## Integral: 0.0983673350718417
## Error: 1.4133250125780705e-11
```

연습문제

1. $x = \pm 1$에서 $f(x) = \frac{1}{\sqrt{2\pi}} \exp\left(-\frac{x^2}{2}\right)$의 미분계수를 수치적으로 구하라.

   * 그것을 정확한 값과 비교하라.

2. $\int_0^1 \frac{1}{1+x^2}\,dx$를 수치적으로 구하라.

   * 그것을 정확한 값과 비교하라 (힌트: $x = \tan\theta$로 치환해 볼 것).

3.* 다음 이중적분을 수치적으로 계산하라 (참값은 각각 $\frac{5}{6}$와 $\frac{5}{12}$이다).

   1) $\int_0^1 \int_0^1 (x^2 + y)\,dx\,dy$

   2) $\int_E \int (x^2 + y)\,dx\,dy$, 여기서 $E = \{0 \leqq y \leqq x \leqq 1\}$.

5장. 비선형 방정식

확률모형 $f(x;\theta)$의 최대가능도 추정은 로그 가능도 함수 $l(\theta;x_1,\cdots,x_n)$이 최대가 되는 θ를 찾는 것이다 (여기서 $x_1,\cdots,x_n$은 확률변수 X의 관측값). 따라서

$$\frac{d}{d\theta}l(\theta;x_1,\cdots,x_n)=0$$

을 풀어낼 필요가 있다. 그런 맥락에서, 이 장은

$$h(z)=0 \qquad (1)$$

의 근 z의 수치적 산출을 다룬다 (z는 θ를, $h(z)$는 $l'(\theta)$를 지칭한다). 이 때, 함수 $h(z)$는 연속이며 미분가능하다고 가정한다.

반분법(半分法, bisection method)

$a<b$인 두 점 a와 b에서 함수 $h(z)$가 다른 부호를 취한다고 하자 (즉, $h(a)\cdot h(b)<0$). 그러면 중간값 정리에 의해 구간 (a,b)에서 식 (1)의 근이 적어도 1개가 존재한다. 참고로 <그림 1>을 보라.

<그림 1>에서는 $h(a)>0$이고 $h(b)<0$이므로, a와 b 사이에 $h(z)=0$이 되는 z가 존재하지 않을 수 없다. 반분법의 알고리즘은 다음과 같다.

1] 중간점 $\frac{1}{2}(a+b)$에서 $h(z)$의 값을 계산한다. $c=\frac{1}{2}(a+b)$로 표기하자. $z(c)=0$이 아닌 한

$$h(a)\cdot h(c)<0 \quad \text{또는} \quad h(b)\cdot h(c)<0$$

중 1개가 성립한다 (2개 모두 성립할 수는 없다).

2.1] $h(a)\cdot h(c)<0$인 경우: 구간 (a,c)에 $h(z)=0$의 근이 있다.
따라서 $b\leftarrow c$로 대체한다.

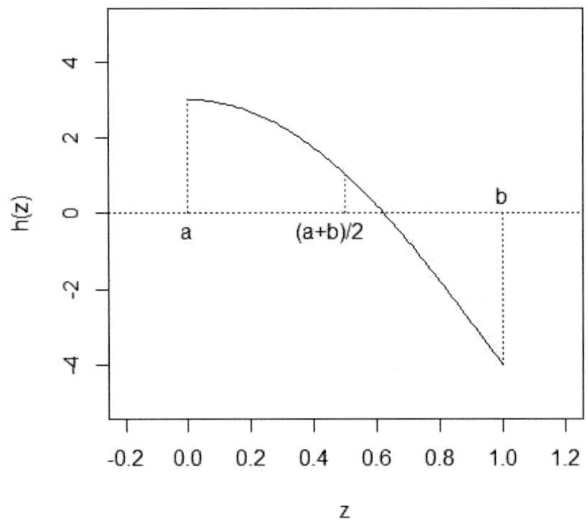

<그림 1> a와 b 사이에서 $h(z)=0$의 근 구하기

2.2] $h(b)\cdot h(c)<0$인 경우: 구간 (c,b)에 $h(z)=0$의 근이 있다.
따라서 $a \leftarrow c$로 대체한다.

3] 구간의 폭 $b-a$가 충분히 작으면 알고리즘을 종료하고 $\frac{1}{2}(a+b)$를 출력한다. 그렇지 않으면 단계 1로 돌아간다.

한 예로서 <그림 1>의 $h(z)=z^5-8z^2+3$에 반분법으로 0과 1사이의 근을 구해본 결과 $z=0.6218$을 얻었다 (소수점 이하 4째 자리까지).

R 스크립트 (nonlinear bisection.r)

```
# Zeros of the equation by the bisection method
bisection <- function(h,a,b,epsilon){
  y0 <- h(a)
  y1 <- h(b)
  if(y0 * y1 > 0) return("incorrect specification")
```

```
    else {
      while(b-a > epsilon){
         z <- (a+b)/2
         y <- h(z)
         if(y * y1 < 0) {
            a <- z;   y0 <- y
         }
         else {
            b <- z;   y1 <- y
         }
      }
      return((a+b)/2)
    }
  }
  h <- function(z) z^5 -8*z^2 + 3
  bisection(h,0,1,0.5*10^(-4))
```

Python으로 옮기면 다음과 같다.

```
# Zeros of the equation by the bisection method
def bisection(h, a, b, epsilon):
    y0 = h(a)
    y1 = h(b)
    if y0 * y1 > 0:
        return "incorrect specification"
    else:
        while b - a > epsilon:
            z = (a + b) / 2
            y = h(z)
            if y * y1 < 0:
                a = z
                y0 = y
            else:
                b = z
                y1 = y
        return (a + b) / 2
```

```
# Define the function h
def h(z):
    return z**5 - 8*z**2 + 3

# Call the bisection function
root = bisection(h, 0, 1, 0.5 * 10**(-4))
print(f"{root:.4f}")
```

출력: 0.6218

* R **함수** uniroot()

주어진 구간에서 비선형 방정식의 근을 구해내는 R 함수로 uniroot()가 있다. 이 함수는 기본적으로는 반분법을 쓰지만 세부적으로는 약간 다르다. 반분법은 구간의 중간점을 새 후보로 하지만 uniroot()는 가능성이 큰 내부 점을 후보로 택한다.[1) 함수 h는 구간의 양 끝 점에서 다른 부호를 가져야 한다.

다음 스크립트는 $z^5 - 8z^2 + 3 = 0$의 근을 $(0, 1)$에서 찾기 위한 R 코딩이다.

```
> h <- function(z) z^5 - 8*z^2 +3
> uniroot(h, c(0,1), tol=0.5*10^-4)$root
  [1] 0.6217865
```

* Python **함수** brentq()

주어진 구간에서 비선형 방정식의 근을 구해내는 Python 함수로 brentq()가 있다. 이 함수도 R의 uniroot()와 같이 기본적으로는 반분법을 쓰지만 세부적으로는 계산 효율성을 위하여 약간의 변형을 꾀한다. 물론 함수 h는 구간의 양 끝 점에서 다른 부호를 가져야 한다.

다음은 $z^5 - 8z^2 + 3 = 0$의 근을 $(0, 1)$에서 찾기 위한 Python 코딩이다.

---

1) 예컨대 $(a, h(a))$와 $(b, h(b))$를 잇는 1차 식 (또는 2차식)이 x-축과 교차하는 점. 2차식을 쓰는 경우엔 중간 점 $(a+b)/2$에서 함수 값 $f((a+b)/2)$이 필요하다.

```
from scipy.optimize import brentq
def h(z):
    return z**5 - 8*z**2 + 3
a, b = 0, 1
root = brentq(h, a, b)
print(f"{root:.4f}")
```

출력: 0.6218

뉴튼-라프슨 방법(Newton-Raphson method)

이 방법은 초기점 $z = z_0$에서 $y = h(z)$의 접선을 구하여 이를 비선형방정식 $h(z) = 0$의 근 z를 구하는 데 활용한다. $z = z_0$에서 $y = h(z)$의 접선은

$$y = h(z_0) + h'(z_0)(z - z_0)$$

이다. "꿩 대신 닭"이라고 비선형방정식의 근을 직접 구하는 대신 접선의 근을 구해보면 그것은

$$z_1 = z_0 - \frac{h(z_0)}{h'(z_0)}, \quad \text{if} \quad h'(z_0) \neq 0 \tag{2}$$

이다. <그림 2>를 보라. z_1은 z_0보다 z에 가까이에 있다.

이제 z_0를 z_1으로 치환하여 식 (2)를 다시 적용한다. 이런 방식의 업데이팅을 계속하다가 $|z_1 - z_0|$가 충분히 작아지면 알고리즘을 종료한다.

한 예로서 <그림 1>의 $h(z) = z^5 - 8z^2 + 3$에 초기점 $z_0 = 0.4$로 뉴튼-라프슨 방법을 적용해보자. 이 방법을 적용하기 위해서는 $h'(z)$가 제시되어야 한다:

$$h'(z) = 5z^4 - 16z.$$

알고리즘은 불과 4번 만에 $z = 0.6218$을 출력하였다 (소수점 이하 4째 자리까지). 반분법과 같은 결과이지만 이 값을 얻기까지의 반복수는 뉴튼-라프슨 방법이 훨씬 작다.

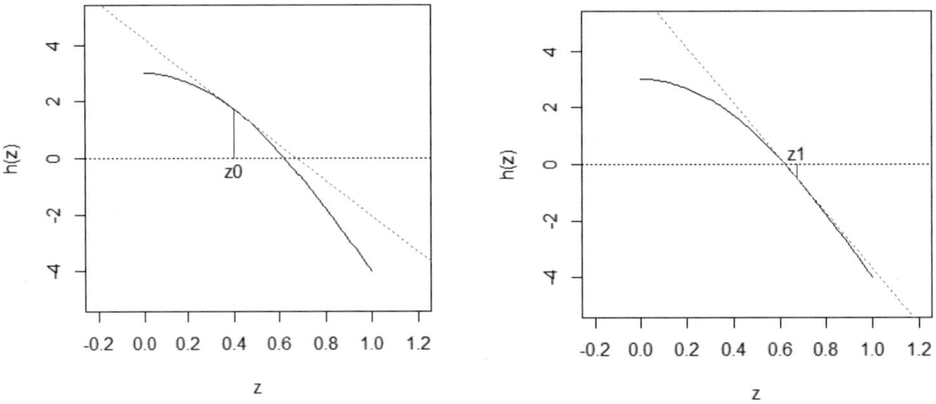

<그림 2> 접선으로 $h(z)=0$의 근 구하기

생각해 볼 문제:

1) 초기점 z_0을 0.1로 잡아 이 방법을 적용해보라. 어떤 결과가 나오는가?

2) 초기점 z_0을 0.0로 잡아 이 방법을 적용해보라. 어떤 결과가 나오는가?

R에는 Newton-Raphson 방법이 담긴 내장함수가 있지 않다. 그러나 다음과 같이 간단한 스크립트로 구현된다.

R 스크립트 (nonlinear newton-raphson.r)

```
# Zeros of the equation by the Newton-Raphson method
newton <- function(f,g,z0,epsilon){
   diff <- 1
   while (abs(diff) > epsilon) {
      if(abs(g(z0)) < epsilon)
+                  return("incorrect specification")
      diff <- -f(z0)/g(z0)
      z0 <- z0 + diff
      }
```

```
    return(z0)
    }

h <- function(z) z^5 -8*z^2 + 3
h.1 <- function(z) 5*z^4-16*z
z0 <- 0.4
newton(h,h.1,z0,0.5*10^(-4))
```

Python으로 옮기면 다음과 같다.

```
# Zeros of the equation by the Newton-Raphson method
def newton(f, g, z0, epsilon):
    diff = 1
    while abs(diff) > epsilon:
        if abs(g(z0)) < epsilon:
            return "incorrect specification"
        diff = -f(z0) / g(z0)
        z0 += diff
    return z0

# Define the function h and its derivative h_1
dcf h(z):
    return z**5 - 8*z**2 + 3

def h_1(z):
    return 5*z**4 - 16*z

# Initial guess and tolerance
z0 = 0.4
epsilon = 0.5 * 10**(-4)
# Call the newton function
root = newton(h, h_1, z0, epsilon)
print(f"{root:.4f}")
```

출력: 0.6218

Python의 Scipy 라이브러리에 Newton-Raphson 방법이 구현된 `newton()` 함수가 있다. 다음과 같이 쓰면 된다.

```
from scipy.optimize import newton
root = newton(h, x0 = 0.4, fprime = h_1)
print(f"{root:.4f}")
```

사례: 코시 분포의 중심

n개의 독립적인 관측이 확률밀도가 다음과 같은 중심이 θ인 코시 분포로부터 생성되었다고 하자.

$$f(x;\theta) = \frac{1}{\pi}\cdot\frac{1}{1+(x-\theta)^2},\quad -\infty < x < \infty .$$

따라서 로그 가능도 함수와 이것의 미분은 다음과 같다.

$$l(\theta; x_1, \cdots, x_n) = \sum_{i=1}^{n}\left[-n\log_e \pi - \log_e(1+(x_i-\theta)^2)\right],$$

$$\frac{d}{d\theta}l(\theta; x_1, \cdots, x_n) = \sum_{i=1}^{n}\frac{2(x_i-\theta)}{1+(x_i-\theta)^2}.$$

최대가능도 추정치 $\hat{\theta}$는 $\frac{d}{d\theta}l(\theta; x_1, \cdots, x_n) = 0$의 근을 구하는 것이므로

$$h(z) = \sum_{i=1}^{n}\frac{2(x_i-z)}{1+(x_i-z)^2},\qquad h'(z) = -2\sum_{i=1}^{n}\frac{1-(x_i-z)^2}{(1+(x_i-z)^2)^2}$$

을 뉴튼-라프슨 알고리즘에 넣으면 된다.

<그림 2>는 $n = 10$인 중심 0의 코시 표본에서 만들어진 $y = h(z)$를 보여준다. 관측표본 $x_1, \cdots, x_n$의 중간값(median)을 초기값 z_0으로 하여 얻은 근 z는 $0.8431\ (=\hat{\theta})$이다.

R 스크립트 (nonlinear mle cauchy.r)

```
# mle for the center of Cauchy distribution
set.seed(123);  n <- 10;  x <- rcauchy(n,1)
log.lik <- function(theta) {
   temp <- 0
   for(i in 1:n) temp <- temp - log(1+(x[i]-theta)^2)
   return(temp)
   }
log.lik.1 <- function(theta) {
   temp <- 0
   for(i in 1:n) temp <- temp
+                      + 2*(x[i]-theta)/(1+(x[i]-theta)^2)
   return(temp)
   }
log.lik.2 <- function(theta) {
   temp <- 0
   for(i in 1:n) temp <- temp
+             -2*(1-(x[i]-theta)^2)/(1+(x[i]-theta)^2)^2
   return(temp)
   }
newton(log.lik.1,log.lik.2,median(x),0.5*10^(-4))
```

생각해볼 문제:

1) 초기값 z_0을 $x_1, \cdots, x_n$의 평균으로 하는 경우

2) 초기값 z_0을 1로 하는 경우

3) 초기값 z_0을 0으로 하는 경우

4) 초기값 z_0을 2로 하는 경우

* R 함수 uniroot를 써서 같은 결과를 얻을 수 있다. 다음 R 스크립트는 구간 $(0,2)$에서 $\frac{d}{d\theta} l(\theta; x_1, \cdots, x_n) = 0$의 근을 구한다.

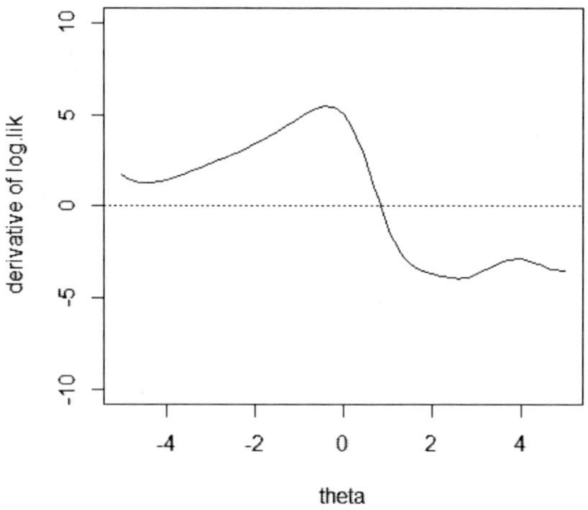

<그림 3> 코시 분포 중심의 최대 가능도 추정

```
> uniroot(log.lik.1,c(0,2))
$root
[1] 0.8430847
 ⋮
```

비선형연립방정식*

확률분포가 2개의 파라미터를 갖는 경우를 생각하기로 하자. n개의 관측이 독립적이라고 가정되는 경우, 로그 가능도 함수가

$$l(\theta_1, \theta_2; x_1, \cdots, x_n) = \sum_{i=1}^{n} \log f(x_i; \theta_1, \theta_2)$$

의 꼴이 되는데, 당면 목표는 이것이 최대가 되는 (θ_1, θ_2)를 찾는 것이다. 이를 위하여

$$\frac{\partial}{\partial \theta_1} l(\theta_1, \theta_2; x_1, \cdots, x_n) = 0, \qquad \frac{\partial}{\partial \theta_2} l(\theta_1, \theta_2; x_1, \cdots, x_n) = 0 \tag{3}$$

을 동시에 만족하는 (θ_1, θ_2)을 구할 필요가 있다. 일반적으로, 식 (3)의 연립방정식은 θ_1과 θ_2의 비선형 형태로 나타난다.

비선형연립방정식 (3)의 해를 구하는 한 방법은 일반화된 뉴튼-라프슨 방법을 적용하는 것이다. 즉,

$$\begin{pmatrix} \theta_1 \\ \theta_2 \end{pmatrix} = \begin{pmatrix} \theta_1^0 \\ \theta_2^0 \end{pmatrix} - G_0^{-1} \boldsymbol{g}_0$$

로 (θ_1, θ_2)를 업데이트하는데, 여기서

$$\boldsymbol{g}_0 = \begin{pmatrix} \dfrac{\partial l}{\partial \theta_1} \\ \dfrac{\partial l}{\partial \theta_2} \end{pmatrix} \text{ at } (\theta_1^0, \theta_2^0), \qquad G_0 = \begin{pmatrix} \dfrac{\partial^2 l}{\partial \theta_1^2} & \dfrac{\partial^2 l}{\partial \theta_1 \partial \theta_2} \\ \dfrac{\partial^2 l}{\partial \theta_1 \partial \theta_2} & \dfrac{\partial^2 l}{\partial \theta_2^2} \end{pmatrix} \text{ at } (\theta_1^0, \theta_2^0)$$

이다. (θ_1, θ_2)의 변화량이 작아지면 업데이트를 종료한다.

한 예로서, 특정 처리를 받은 실험쥐들의 수명

$$1, 1, 2, 2, 3, 4, 4, 5, 5, 8, 8, 8, 8, 11, 11, 12, 12, 15, 17, 22, 23 \quad (n = 21)$$

로 관측되었다고 하자. 그리고 이 자료에 와이블 분포 Weibull (θ_1, θ_2)

$$f(x; \theta_1, \theta_2) = \frac{\theta_1}{\theta_2} x^{\theta_1 - 1} \exp(-\frac{1}{\theta_2} x^{\theta_1}), \; x > 0, \theta_1 > 0, \theta_2 > 0$$

을 가정하기로 한다. 이제 (θ_1, θ_2)의 최대 가능도 추정치를 구해보자.

$$l(\theta_0, \theta_1) = n \log \theta_1 - n \log \theta_2 + (\theta_1 - 1) \sum_{i=1}^{n} \log x_i - \frac{1}{\theta_2} \sum_{i=1}^{n} x_i^{\theta_1}$$

이므로

$$\boldsymbol{g}_0 = \begin{pmatrix} \dfrac{\partial l}{\partial \theta_1} \\ \dfrac{\partial l}{\partial \theta_2} \end{pmatrix} = \begin{pmatrix} \dfrac{n}{\theta_1} + \displaystyle\sum_{i=1}^{n} \log x_i - \frac{1}{\theta_2} \sum_{i=1}^{n} x_i^{\theta_1} \log x_i \\ -\dfrac{n}{\theta_2} + \dfrac{1}{\theta_2^2} \displaystyle\sum_{i=1}^{n} x_i^{\theta_1} \end{pmatrix},$$

$$G_0 = \begin{pmatrix} \frac{\partial l^2}{\partial^2 \theta_1} & \frac{\partial l^2}{\partial \theta_1 \partial \theta_2} \\ \frac{\partial l^2}{\partial \theta_2 \partial \theta_1} & \frac{\partial l^2}{\partial^2 \theta_2} \end{pmatrix} = \begin{pmatrix} -\frac{n}{\theta_1^2} - \frac{1}{\theta_2}\sum_{i=1}^n x_i^{\theta_1}(\log x_i)^2, & \frac{1}{\theta_2^2}\sum_{i=1}^n x_i^{\theta_1}\log x_i \\ \frac{1}{\theta_2^2}\sum_{i=1}^n x_i^{\theta_1}\log x_i, & \frac{n}{\theta_2^2} - \frac{2}{\theta_2^3}\sum_{i=1}^n x_i^{\theta_1} \end{pmatrix}$$

이므로 뉴튼-라프슨 알고리즘을 다음과 같이 R로 코딩하여 보자 (nonlinear mle weibull.r).

```
# generalized newton-raphson to rats data
x <- c(1,1,2,2,3,4,4,5,5,8,8,8,8,11,11,12,12,15,17,22,23)
n <- length(x)
d1.log.lik <- function(theta){
   c(n/theta[1]+sum(log(x))-sum(log(x)*x^theta[1])/theta[2],
     -n/theta[2]+sum(x^theta[1])/theta[2]^2)
}
d2.log.lik <- function(theta){
   matrix(c(-n/theta[1]^2-sum(log(x)^2*x^theta[1])/theta[2],
            sum(log(x)*x^theta[1])/theta[2]^2,
            sum(log(x)*x^theta[1])/theta[2]^2,
            n/theta[2]^2 - 2/theta[2]^3*sum(x^theta[1])),2,2)
}
theta.0 = c(1,mean(x))
delta <- 1
while (delta > 1e-6) {
   g.0 <- d1.log.lik(theta.0)
   G.0 <- d2.log.lik(theta.0)
   theta <- theta.0 - solve(G.0,g.0)
   delta <- sqrt(sum((theta-theta.0)^2))
   theta.0 <- theta
 }
theta                    ## R 출력: 1.37050, 21.81977
```

이처럼 뉴튼-라프슨 방법은 로그 가능도에 대한 1계 및 2계 미분이 필요하므로 수학적 과정이 쉽지 않다. 그 대가로 계산이 효율적이다 (앞 계산에서는 불과 8번 반복으로 해가 산출된다).

* R 패키지 nleqslv의 nleqslv() 함수를 쓰면 비선형 연립방정식

$$\frac{\partial l}{\partial \theta_1} = 0, \ \frac{\partial l}{\partial \theta_2} = 0$$

의 해를, 2계 도함수 $\frac{\partial^2 l}{\partial \theta_1^2}, \frac{\partial^2 l}{\partial \theta_1 \partial \theta_2}, \frac{\partial^2 l}{\partial \theta_2^2}$를 명시적으로 제시하지 않더라도, 산출할 수 있다. 2계 도함수들이 수치적으로 근사되기 때문이다 (quasi-Newton).

감마분포 Gamma(α, β)의 최대가능도 추정에 대한 다음 예를 보자.

$$f(x; \alpha, \beta) = \frac{x^{\alpha-1} e^{-\frac{x}{\beta}}}{\Gamma(\alpha)\beta^{\alpha}}, \quad x > 0 \ \ (\alpha > 0, \ \beta > 0).$$

n개 관측 값을 $x_1, x_2, \cdots, x_n$이라고 하면, 로그-가능도 함수는

$$l(\alpha, \beta) = (\alpha - 1)\sum_{i=1}^{n} \log x_i - \frac{1}{\theta_2}\sum_{i=1}^{n} x_i - n \log \Gamma(\alpha) - n\,\alpha \log \beta$$

로 표현된다. 따라서 α와 β에 대한 최대가능도 추정값은 다음 두 연립방정식의 해이다.

$$\frac{\partial l}{\partial \alpha} = \sum_{i=1}^{n} \log x_i - n\frac{\Gamma'(\alpha)}{\Gamma(\alpha)} - n \log \beta = 0,$$
$$\frac{\partial l}{\partial \beta} = \frac{1}{\beta^2}\sum_{i=1}^{n} x_i - n\frac{\alpha}{\beta} = 0.$$

여기서 $\Gamma(\alpha) := \int_0^{\infty} u^{\alpha-1} e^{-u} du$인데, $\frac{\Gamma'(\alpha)}{\Gamma(\alpha)}$는 $\psi(\alpha)$로 표기되는 특수함수이다 (ψ는 '프시(psi)'로 읽는다).

이제 연립방정식의 해를 R 함수 nleqslv::nleqslv를 써서 구해보자. 적용할 데이터는 $\alpha = 2, \beta = 1$의 감마분포에서 모의생성되었다 (크기 100). (α, β)의 초기값은 적률 추정값으로 하였다. 즉,

$$\tilde{\alpha} := \frac{\overline{x}^2}{v_x}, \ \tilde{\beta} := \frac{v_x}{\overline{x}}.$$

아래 스크립트에서는 α가 θ_1으로, β가 θ_2로 표기되었다.

```
# quasi-newton to gamma distribution data
n <- 100
set.seed(1)
```

```
x <- rgamma(n, shape=2, rate=1)
c(mean(x), var(x))          ## 1.873675, 1.224042

d1.log.lik <- function(theta){
    c(sum(log(x))-n*digamma(theta[1])-n*log(theta[2]),
      sum(x)/theta[2]^2-n*theta[1]/theta[2])
}
theta.0 = c(mean(x)^2/var(x),var(x)/mean(x))
theta.0                     ## 2.8680868, 0.6532839

library(nleqslv)
estimate <- nleqslv(theta.0, fn=d1.log.lik)
print(estimate)
```

R 출력(일부):

```
$x
[1] 2.4673223 0.7593961
$fvec
[1] 3.842473e-10 7.278231e-10
```

따라서 α와 β에 대한 최대가능도 추정값은 $\hat{\alpha} = 2.467$, $\hat{\beta} = 0.7594$이다.

연습문제

1. 100 $(= n)$개 관측 중에서 반은 $N(\theta - 2, 1)$에서 생성되고 반은 $N(\theta + 2, 1)$에서 생성된다고 하자. 다음 몬테칼로 표본으로부터 θ의 최대 가능도 추정치를 반분법으로 구하여라.

```
> set.seed(123)
> x <- c(rnorm(50,-2,1), rnorm(50,2,1))
```

2. $f(x) = 5x^3 - 7x + 1$라고 하자. $f(x) = 0$의 근을 모두 구하라.

6장. 최적화

로그 가능도 함수 $l(\theta; x_1, \cdots, x_n)$의 최대점을 찾는 문제를 생각하자. 한 방법은 비선형 방정식인 $l'(\theta; x_1, \cdots, x_n) = 0$의 해를 구하는 것이다. 이런 방법을 5장에서 다룬 바 있다. 이 장에서는 직접 주어진 함수의 최대값 또는 최소값을 찾는 수치적 방법을 모색할 것이다.

시컨트 방법(Secant Method)

구간 (a, b)에서 연속이고 미분가능한 함수 $H(z)$의 최대값을 찾는 문제를 생각하자. 5장의 "비선형 방정식"은 $H(z)$의 도함수 $h(z)$를 0으로 놓고 그것의 해를 구하는 방법이다. 그런데 이것을 "연필과 종이(pencil-and-paper)"로 하는 일이 드물지 않게 어려울 수 있다. 그런 경우엔 해의 업데이팅에 필요한 $h(z)$의 도함수 $h'(z)$를 얻어내기는 더욱 어렵다. 이런 어려움을 회피하는 방법이 있을까?

구간 (z_0, z_1)에서 $h(z) = 0$의 근 z이 있을 것으로 예상된다고 하자. 이 구간에서 $y = h(z)$를 두 점 $(z_0, h(z_0))$와 $(z_1, h(z_1))$을 잇는 직선

$$y = h(z_1) + \frac{h(z_1) - h(z_0)}{z_1 - z_0}(z - z_1)$$

으로 근사해보자. 이 직선의 근은

$$z = z_1 - h(z_1)\frac{z_1 - z_0}{h(z_1) - h(z_0)}$$

이다. 따라서, $h(z)$의 도함수 $h'(z)$ 없이, 다음 수열로 $h(z) = 0$의 근에 접근해 갈 수 있다.

$$z_n = z_{n-1} - h(z_{n-1})\frac{z_{n-1} - z_{n-2}}{h(z_{n-1}) - h(z_{n-2})}, \quad n = 2, 3, 4, \cdots. \tag{4}$$

예 1. $z^5 - 8z^2 + 3 = 0$의 근을 0과 1사이에서 구해보자. $h(z) = z^5 - 8z^2 + 3$, $z_0 = 0$, $z_1 = 1$로 놓는다. R로 코딩하여 보자 (optimization secant.r).

```
# secant method, example 1

h <- function(z) z^5 - 8*z^2 +3
z.0 <- 0; z.1 <- 1
diff <- z.1-z.0
count <- 0
while(abs(diff) > 0.5*10^-4) {
   z <- z.1 - h(z.1)*(z.1-z.0)/(h(z.1)-h(z.0))
   z.0 <- z.1
   z.1 <- z
   diff <- z.1-z.0
   count <- count+1
}
```

결과는 다음과 같다.

```
> z
[1] 0.6217858
> count
[1] 6
```

이제, 식 (4)에서 $H(z)$의 도함수 $h(z)$를 그것의 수치적 근사로 대치하자. 4장의 Richardson 외연에 따르면

$$h(z) \simeq \frac{4}{3}D(z;\epsilon/2) - \frac{1}{3}D(z;\epsilon)$$

로 근사된다. 여기서 $D(z;\epsilon) = \dfrac{H(z+\epsilon) - H(z-\epsilon)}{2\epsilon}$이고 ϵ은 작은 수이다.

예 2. 구간 $(0,1)$에서 $H(z) = \frac{1}{6}z^6 - \frac{8}{3}z^3 + 3z$의 최대값을 구해보자. 이번에는 $H(z)$의 도함수 $h(z)$를 쓰지 않을 것이다. R 스크립트 구성은 다음과 같다.

```
# maximization by secant method without derivative
H <- function(z) z^6/6 - 8*z^3/3 + 3*z
secant.1 <- function(f, x.0, x.1, h, eps) {
  g <- function(f,x,h){
    d1 <- (f(x+h)-f(x-h))/(2*h)
    d2 <- (f(x+h/2)-f(x-h/2))/h
    return(4/3*d2-d1/3)
  }
  temp <- g(f,x.1,h)*(x.1-x.0)/(g(f,x.1,h)-g(f,x.0,h))
  while (abs(temp) > eps){
    x <- x.1 - temp
    x.0 <- x.1
    x.1 <- x
    temp <- g(f,x.1,h)*(x.1-x.0)/(g(f,x.1,h)-g(f,x.0,h))
  }
  return(x)
}
z <- secant.1(H,0,1,0.5*10^-4,10^-4)
round(z,4)
```

결과는 다음과 같다.

```
> round(z,4)
[1] 0.6218
```

* $H(z)$의 도함수가 $h(z)$이므로 예 1과 예 2는 문제의 본질이 같다. 두 결과는 소수점 이하 4자리까지 일치한다. 정확히 말하자면, 예 2에서 구한 값은 $H(z)$의 도함수가 0이 되는 z값이므로 이 점에서 함수는 극대 또는 극소이다 (변곡 가능성도 있다). 그래프로 확인할 필요가 있다.

* 위의 최대화 알고리즘은 R 함수 nlm (non-linear minimization)에 거의 유사하게 구현되어 있다. nlm에서는 목적 함수를 $-H(z)$로 둔다.

```
H.1 <- function(z) -H(z)
nlm(H.1, p=0.5)$estimate          ## 0.6217853
```

코시 분포의 중심 사례(5장 참조)에 대하여는 다음과 같이 nlm 함수를 써서 중심 θ에 대한 최대가능도 추정값을 산출할 수 있다.

```
n <- 10
set.seed(123)
x <- rcauchy(n,1)
log.lik <- function(theta) {
   temp <- 0
   for(i in 1:n) temp <- temp - log(1+(x[i]-theta)^2)
   return(temp)
   }
m.log.lik <- function(theta) -log.lik(theta)
nlm(m.log.lik, p=median(x))$estimate     ## 0.8430683
```

* Secant 방법과 유사한 알고리즘이 구현된 Python 함수는 scipy.optimize 모듈의 minimze_scalar(, method='bounded')이다. 다음은 $(-1,1)$에서

$$H(z) = \frac{1}{6}z^6 - \frac{8}{3}z^3 + 3z$$

의 최대값을 구하는 Python 스크립트이다.

```
from scipy.optimize import minimize_scalar
def H(z):
    return z**6 / 6 - 8 * z**3 / 3 + 3 * z
def H_1(z):
    return -H(z)
result = minimize_scalar(H_1, bounds=(-1, 1), method='bounded')
estimate = result.x
print("Estimate", f"{estimate:.4f}")
```

출력: Estimate 0.6218

황금분할탐색(Golden Section Search)

함수 $f(x)$가 구간 (a, b)에서 연속이고 봉우리가 하나인 오목 함수라고 하자 (f는 이 구간에서 유일한 최대점을 갖는다).

편의상 $x_1 = a, x_4 = b$로 놓자. 그리고 x_1과 x_4를 $\alpha : (1-\alpha)$로 내분하는 점을 x_2로, x_1과 x_4를 $(1-\alpha) : \alpha$로 내분하는 점을 x_3로 정의한다. 즉,

$$x_2 = (1-\alpha)\,x_1 + \alpha\,x_4, \quad x_3 = \alpha\,x_1 + (1-\alpha)\,x_4$$

로 정의한다. 여기서 $\alpha = \frac{1}{2}(3 - \sqrt{5}) = 0.382$이다 (즉, α는 $\alpha^2 - 3\alpha + 1 = 0$의 0과 1 사이 근이다. 이 값은 곧 설명된다).

$f(x_2)$와 $f(x_3)$를 비교하여, $f(x_2) < f(x_3)$이면 최대점이 놓이는 구간이 (x_2, x_4)로 좁혀지고 $f(x_2) > f(x_3)$이면 최대점이 놓이는 구간이 (x_1, x_3)로 좁혀진다. 이런 식으로 최대점이 놓이는 구간이 순차적으로 줄어간다.

전자의 경우에는 x_2와 x_4를 $\alpha : (1-\alpha)$로 내분하는 점이

$$\begin{aligned}(1-\alpha)\,x_2 + \alpha\,x_4 &= (1-\alpha)\{(1-\alpha)\,x_1 + \alpha\,x_4\} + \alpha\,x_4 \\ &= \alpha\,x_1 + (1-\alpha)x_4 = x_3\end{aligned}$$

이므로[1] 이 점과 이 점에서의 함수 값은 새로 계산할 필요가 없다. 따라서

$$x_1 \leftarrow x_2, \quad x_2 \leftarrow x_3$$

로 업데이팅하면 된다. x_4는 전과 동일하게 둔다. 다만, x_3를 업데이팅된 x_1과 x_4의 $(1-\alpha) : \alpha$ 내분점으로 하고 이 점에서의 함수 값을 새로 구한다.

후자의 경우에는 x_1과 x_3를 $(1-\alpha) : \alpha$로 내분하는 점이

$$\begin{aligned}\alpha\,x_1 + (1-\alpha)\,x_3 &= \alpha\,x_1 + (1-\alpha)\{\alpha\,x_1 + (1-\alpha)x_4\} \\ &= (1-\alpha)x_1 + \alpha\,x_4 = x_2\end{aligned}$$

---

1) $(1-\alpha)^2 = 1 - 2\alpha + \alpha^2 = (1 - 3\alpha + \alpha^2) + \alpha = \alpha$ 이고 $(1-\alpha)\alpha + \alpha = 2\alpha - \alpha^2 = 1 - \alpha$ 이므로.

* $\alpha\left(= \frac{3-\sqrt{5}}{2}\right)$는 황금 비 $\phi\left(= \frac{1+\sqrt{5}}{2} = 1.62\right)$와 $\alpha = \frac{1}{1+\phi}$의 관계에 있다.

이므로 이 점과 이 점에서의 함수 값은 새로 계산할 필요가 없다. 따라서

$$x_4 \leftarrow x_3, \quad x_3 \leftarrow x_2$$

로 업데이팅하면 된다. x_1은 전과 동일하게 둔다. 다만, x_2는 x_1과 업데이팅된 x_4의 $\alpha : (1-\alpha)$ 내분점으로 하고 이 점에서의 함수 값을 새로 구한다.

이런 식으로 최대값이 놓이는 구간이 효율적으로 좁혀지므로 충분히 좁혀졌을 때 구간의 중점으로 $f(x)$가 최대인 곳을 찾을 수 있다.

다음 R 스크립트는 golden section search 알고리즘이 구현된 사용자 정의함수이다 (optimization goldensearch.r).

```
# golden section search
golden.section <- function(f, x.1, x.4, eps){
  alpha <- (3-sqrt(5))/2
  delta <- x.4-x.1
  while(abs(delta) > eps){
    x.2 <- (1-alpha)*x.1 + alpha*x.4
    x.3 <- alpha*x.1 + (1-alpha)*x.4
    if (f(x.2) > f(x.3)) {
        x.4 <- x.3
        x.3 <- x.2
        x.2 <- (1-alpha)*x.1 + alpha*x.4
    }
    else {
    x.1 <- x.2
    x.2 <- x.3
    x.3 <- alpha*x.1 + (1-alpha)*x.4
    }
    delta <- x.4-x.1
  }
  return((x.1+x.4)/2)
}
```

앞의 코시 분포 중심 사례에 적용해보면 다음을 얻는다.

```
> golden.section(log.lik,0,5,0.5*10^-7)
[1] 0.8430688
```

R 함수 optimize()는 golden section search 방법을 근간으로 함수의 최소값을 구한다. 앞의 코시 분포 중심 사례에 적용해보면 다음을 얻는다.

```
> optimize(m.log.lik, c(0,5))$minimum
[1] 0.8430683
```

Secant 방법과 유사한 알고리즘이 구현된 Python 함수는 scipy.optimize 모듈의 minimze_scalar(, method='Golden')이다. 다음은 코시 분포 중심에 대한 최대가능도 추정값을 산출해내는 Python 스크립트이다.

```
import numpy as np
from scipy.optimize import minimize_scalar

# Data points
x = np.array([ 2.2691296, 0.2157568, 4.4011811, 0.6149968,
               0.8107608, 1.1441052, -10.2960947, 0.6485393,
              -5.1346270, 8.2913309])

# Log-likelihood function
def log_lik(theta):
    temp = 0
    for i in x:
        temp -= np.log(1 + (i - theta)**2)
    return temp
# Negative log-likelihood function, which is to be minimized
def m_log_lik(theta):
    return -log_lik(theta)

# Optimizing
```

```
result = minimize_scalar(m_log_lik, bounds=(0,5), method='Golden')

# Extracting the minimum
minimum = result.x
print("Minimum at", minimum)
```

출력: `Minimum at 0.8430687599553084`

경사 하강법 (gradient descent method)

이 방법은 미분가능한 함수 $f(x)$의 최소값(또는 최대값)을 1계 미분(도함수) $f'(x)$를 활용하여 찾는다. 업데이팅 식은 다음과 같다.

$$x_1 = x_0 - \lambda f'(x_0),$$

여기서 x_0은 첫 값이고 x_1은 그 다음 값이다. $\lambda > 0$는 학습율(learning rate)라고 하는 작은 양이 값이다. 이렇게 업데이팅하는 이유는 $f'(x_0) > 0$인 경우 x_0에서 함수가 증가하므로 x_0의 왼쪽으로 움직이는 것이 맞는 방향이기 때문이다. 반대로 $f'(x_0) < 0$이면 x_0의 오른쪽으로 움직이는 것이 맞다. 업데이팅은 $|x_1 - x_0| > \delta$이면 지속되고 그렇지 않으면 x_1을 출력하면서 알고리즘을 종료한다.

수치 예 1. $f(x) = e^{-\frac{x}{2}} x^4$, $x > 0$의 최고점을 찾아보자. <그림 1>을 보라. 이 문제에서는 $f(x)$의 최대화가 목표이므로 업데이팅 공식을

$$x_1 = x_0 + \lambda f'(x_0)$$

로 바꿀 필요가 있다.

시작점을 $x_0 = 1$, 학습율을 $\lambda = 0.2$, 허용치를 $\delta = 10^{-6}$로 놓자. 다음이 $f(x)$의 최대화를 위하여 경사 하강법을 적용한 R 스크립트이다.

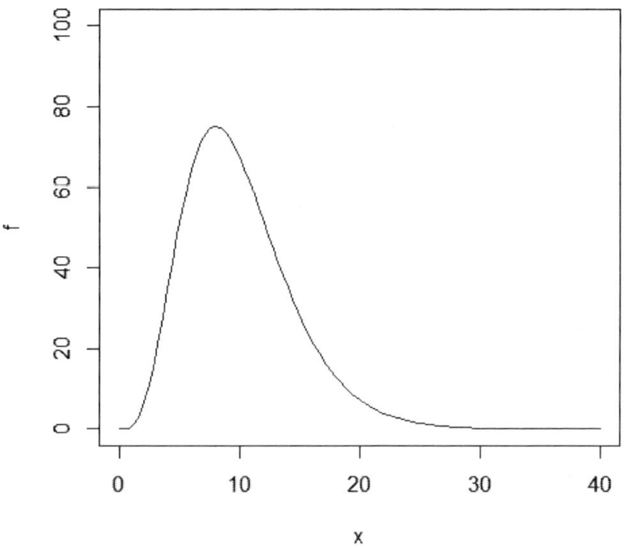

<그림 1> $f(x) = e^{-\frac{x}{2}} x^4$ 의 그래프

R 스크립트 및 출력: optimization gradient descent.r

```
# steepest ascent method (maximize!)
f <- function(x) exp(-x/2)*x^4
plot(f, 0, 40, ylim = c(0, 100))

f.prime <- function(x) -0.5*exp(-x/2)*x^4 + 4*exp(-x/2)*x^3
lambda <- 0.2          # learning rate
epsilon <- 1e-6        # tolerance
delta <- 1
x <- 1                 # starting value
iter <- 1
while (abs(delta) > epsilon) {
  x.new <- x + lambda * f.prime(x)
  delta <- x.new - x
  x <- x.new
```

```
   iter <- iter + 1
}
iter                   # number of iterations   (-> 출력 값 10)
round(x.new, 4)        # final value            (-> 출력 값 8)
```

경사 하강법에서 λ의 설정이 중요한데 이것을 너무 작게 잡으면 업데이팅의 속도가 더디고 너무 크게 잡으면 불안정한 널 뛰기가 된다. 적정값에 대한 사전 가이드라인이 어렵기 때문에 시행착오가 불가피하다.

다음은 R 스크립트를 Python으로 바꾼 스크립트이다.

```
import numpy as np
import matplotlib.pyplot as plt

# Function to be maximized
def f(x):
    return np.exp(-x / 2) * x**4
# Derivative of the function
def f_prime(x):
    return -0.5 * np.exp(-x / 2) * x**4 + 4 * np.exp(-x / 2) * x**3
# Plotting the function
x_vals = np.linspace(0, 40, 400)
plt.plot(x_vals, f(x_vals), label='f(x)')
plt.ylim(0, 100)
plt.xlabel('x')
plt.ylabel('f(x)')
plt.title('Function Plot')
plt.legend()
plt.show()

# Steepest ascent parameters
lambda_ = 0.2      # learning rate
epsilon = 1e-6     # tolerance
delta = 1          # difference in x (initially set to 1)
x = 1              # starting value
```

```
iter = 1            # iteration counter

# Steepest ascent algorithm
while abs(delta) > epsilon:
    x_new = x + lambda_ * f_prime(x)
    delta = x_new - x
    x = x_new
    iter += 1

# Output results
print("Number of iterations:", iter)
print("Maximum point found at x =", round(x_new, 4))
```

출력:

```
Number of iterations: 10
Maximum point found at x = 8.0
```

경사 하강법은 다변량 공간에서도 같은 방식으로 작동한다. 즉

$$x_1 = x_0 - \lambda \nabla f(x_0)$$

로 업데이팅하는데, $\nabla f(x_0)$은 x_0에서 $f(x)$의 기울기 gradient 벡터이다.

* R에서 다른 대안으로 optim 함수를 활용하는 방안이 있다. optim에서는 Nelder-Mead 방법이 디폴트인데 이 방법은 심플렉스(simplex, 2차원 공간에서는 삼각형)의 한 꼭지점을 반전, 확장, 응축하거나 도형의 크기축소를 꾀하는 방식으로 최적점을 찾아간다. Nelder-Mead는 도함수를 쓰지 않는다.

* 다음은 실험쥐들의 수명 자료

$$1, 1, 2, 2, 3, 4, 4, 5, 5, 8, 8, 8, 8, 11, 11, 12, 12, 15, 17, 22, 23 \ (n = 21)$$

에 대한 와이블 모형을 Nelder-Mead 방법으로 추정하는 R 스크립트이다 (optimization optim weibull.r).

```
# fit weibull distribution to rats data using optim
  x <- c(1,1,2,2,3,4,4,5,5,8,8,8,8,11,11,12,12,15,17,22,23)
  n <- length(x)

  m.log.lik <- function(theta){
      temp1 <- 0; temp2 <- 0
      for (i in 1:n){
        temp1 <- temp1 + log(x[i])
        temp2 <- temp2 + x[i]^theta[1]
      }
      return(-(n*log(theta[1])- n*log(theta[2])
              +(theta[1]-1)* temp1 - temp2/theta[2]))
  }
  nlm(m.log.lik, p = c(1,mean(x)))$estimate

  theta <- c(1,mean(x))
  optim(theta, m.log.lik)$par    ## 1.370636, 21.824964
```

* 다음은 실험쥐들의 수명 자료에 대한 와이블 모형을 Nelder-Mead 방법으로 추정하는 Python 스크립트이다.

```
import numpy as np
from scipy.optimize import minimize

x = np.array([1, 1, 2, 2, 3, 4, 4, 5, 5, 8, 8, 8, 8, 11, 11,
    12, 12, 15, 17, 22, 23])
n = len(x)

# Function to be minimized
def m_log_lik(theta):
    temp1 = np.sum(np.log(x))
    temp2 = np.sum(x**theta[0])
    return -(n * np.log(theta[0]) - n * np.log(theta[1]) +
       (theta[0] - 1) * temp1 - temp2 / theta[1])
```

```
# Initial guesses
initial_guess_optim = np.array([1, np.mean(x)])

# Minimize using the initial guess for optim
result_optim = minimize(m_log_lik, initial_guess_optim,
   method='Nelder-Mead')
print("Optim Estimate:", result_optim.x)
```

출력: `Optim Estimate = [ 1.37049947 21.81971381]`

연습문제

1. 다음 함수의 최소점과 최대점을 구하라.

$$H(x) = 1 - x e^{-\frac{x^2}{2}}, \quad -4 \leqq x \leqq 4.$$

   1) secant method

   2) golden section search

2. 감마 분포의 최대가능도 추정을 R의 `optim()`을 써서 산출하라. 5장에서는 연립 비선형 방정식의 해로 다루어진 바 있다.

7장. 몬테칼로 입문

균일분포

0과 1 사이 구간에 균일하게 퍼진 수를 임의로 꺼내는 방법을 생각해보기로 한다. 어떻게 하면 될까?

2장에서 0, 1, 2, ⋯ , $m-1$의 정수 값을 가지는 수열 $\{x_n\}$을 다룬 바 있는데 그 수열이 괜찮은 임의성을 갖는다면

$$u_1 = \frac{x_1}{m},\ u_2 = \frac{x_2}{m},\ \cdots,\ u_n = \frac{x_n}{m},\ \cdots$$

으로써 $[0,1)$에 놓이는 임의수 $u_1, u_2, \cdots, u_n, \cdots$ 가 확보될 수 있다. 따라서 컴퓨터에서 만들어지는 0과 1 사이의 균일 임의수(uniform random number)는 실제로는 0과 1의 m 등분점(等分點)에 있는 m개의 숫자 중 하나이다. 그렇지만 m이 보통 $2^{31}-1(=2{,}147{,}483{,}647)$, 즉 20억 정도이므로 균일 임의수의 수는 상당히 크다 (그러나 현재 지구에 살고 있는 사람 수보다는 작다).

연습문제 1. 앞의 방법으로 0과 1 사이의 균일 변수 값을 1,000개 만들어 보라.

0과 1 사이 임의수를 생성시키는 R 함수는 `runif()`이다. `runif(n,a,b)`는 a와 b 사이의 균일분포로부터 n개의 임의수를 생성해낸다. <그림 1>은 1,000개의 균일 임의수로 만들어진 히스토그램이다 (R 스크립트 random uniform.r).

```
n <- 1000
x <- runif(n)
hist(x, freq=F, nclass=10, main="Uniform", ylim=c(0,1.2))
abline(h =1, col="red", lty="dotted", lwd=2)
```

0과 1 사이의 균일분포는 Uniform(0,1)로 표기된다. 이 분포의 확률밀도함수는

$$f(u) = 1,\ 0 < u < 1$$

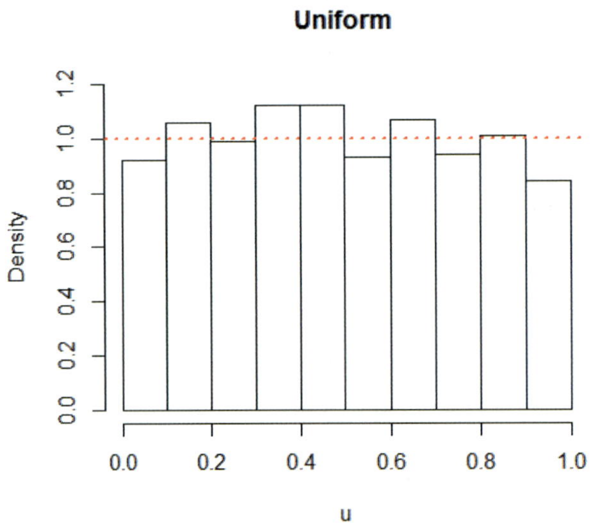

<그림 1> 1,000개의 균일 임의수

이다. 여기서 u가 양끝 경계 값인 0 또는 1을 포함한다고 바꿀 수도 있다.

0과 1 사이 임의수로 뭘 할 수 있을까? 여기서 2개의 예제를 보도록 한다.

예 1. n개의 0과 1 사이 독립적인 균일 임의수의 최대값은 어떤 분포를 따르는가? 즉 $u_1, u_2, \cdots, u_n$이 독립적으로 Uniform(0,1) 분포에서 나온다고 하자. 확률변수 M_n을

$$M_n = \max(u_1, u_2, \cdots, u_n)$$

으로 정의하고, $n = 10$인 경우 M_n의 분포를 구해보자. 사실은 상황이 간단하여 M_n의 정확한 분포를 수학적으로 유도할 수 있다. 그러나 여기서는 몬테칼로 모의시행으로써 M_n의 분포를 근사적으로 구할 것이다.

다음은 M_n을 1,000개 생성시켜 히스토그램과 수치요약을 구하는 R 스크립트이다.

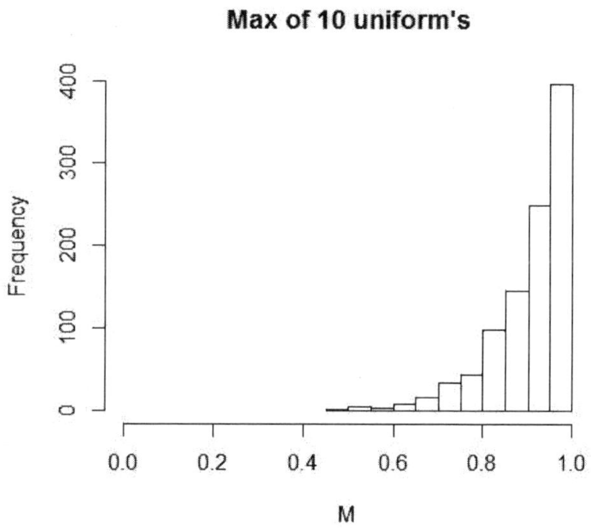

<그림 2> 10개 균일 임의수의 최대값이 취하는 분포

```
n <- 10
N <- 1000
M <- rep(0,N)
for (i in 1:N){
  u <- runif(n)
  M[i] <- max(u)
}
hist(M, xlim=c(0,1), main="Max of 10 uniform's")
summary(M)[-4]
```

<그림 2>에서 보듯, M_n의 분포는 우측 경계에 치중되어 있다. 그리고

```
> summary(M)[-4]
   Min.  1st Qu. Median  3rd Qu.   Max.
 0.4741  0.8649  0.9295  0.9731  0.9998
```

에서 보듯 중간값이 0.93이다. 이것은 10분 간격으로 운행되는 전동차를

타기 위해서 임의 시각에 역을 도착하는 경우, 10회 중 1회 빈도의 '재수 없는' 날에는 기다려야 할 시간이 9.3분 정도 된다는 것을 의미한다.

예 2. 반지름이 1인 원의 둘레에 n개의 점 $P_1, P_2, \cdots, P_n$이 균일하게 분포한다고 하자. 즉, 점 P_i의 좌표가

$$(\cos\theta_i, \sin\theta_i), \quad i = 1, 2, \cdots, n$$

으로 표현되며 여기서 $\theta_1, \theta_2, \cdots, \theta_n$이 0과 2π 사이에서 균일하게 퍼진다고 보자는 것이다. $\theta_1, \theta_2, \cdots, \theta_n$은 독립적으로 Uniform(0,1) 분포를 따르는 $u_1, u_2, \cdots, u_n$의 2π배로 볼 수 있다. 이런 상황에서 임의점 P의 x-좌표인 $\cos\theta$가 어떤 분포를 따르는가를 살펴보자 (P의 y-좌표인 $\sin\theta$가 따르는 분포도 이와 같다).

다음 R 스크립트는 1,000개의 임의점을 생성시켜 임의점 P의 x-좌표가 취하는 분포를 탐색해낸다.

```
N <- 1000
theta <- runif(N)*2*pi
pos.x <- cos(theta)
hist(pos.x, xlim=c(-1,1), main="x-Position...", freq=F)
summary(pos.x)[-4]
```

<그림 3>이 히스토그램으로 본 결과이고 아래는 summary의 출력이다. 양 끝 경계인 -1과 1 가까이 자료점이 몰려있는 현상이 발견된다.

```
> summary(pos.x)[-4]
    Min.   1st Qu.   Median   3rd Qu.     Max.
 -1.0000  -0.7237  -0.0343   0.6337   1.0000
```

참고. 임의점 P의 x-좌표 X는 소위 역싸인 법칙(arcsine law)를 따른다:

$$f(x) = \frac{1}{\pi\sqrt{1-x^2}}, \quad -1 < x < 1 .$$

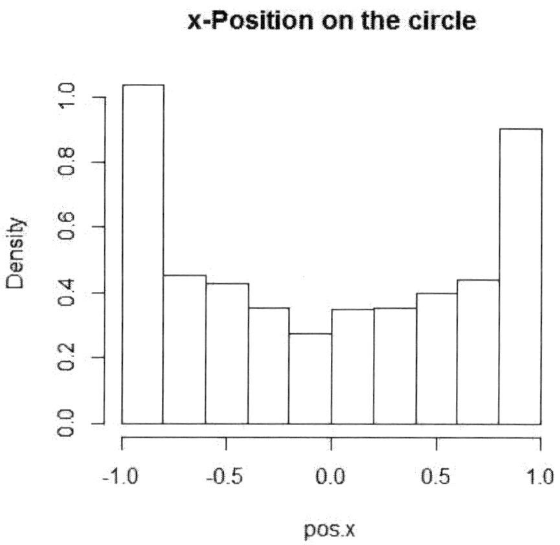

<그림 3> 원 둘레에서 임의점의 x-좌표가 취하는 분포

베르누이 분포, 이항 분포, 음이항 분포

확률변수 X가 0 또는 1을 취하는데 $P\{X=1\}=p$ 라고 하자 $(0<p<1)$. 이런 확률분포를 베르누이(Bernoulli) 분포라고 한다. 어떻게 베르누이 변수 X의 n개 값 $x_1, x_2, \cdots, x_n$을 모의생성해낼 수 있을까?

쉽다! Uniform(0,1) 분포로부터 임의수 $u_1, u_2, \cdots, u_n$을 생성해낸 다음 각각에 대하여 p보다 작거나 같으면 1의 값을 주고 그렇지 않으면 0의 값을 주면 된다. 즉, 다음 변환을 적용한다.

$$x_i = I[u_i \le p], \qquad i = 1, 2, \cdots, n.$$

연습문제 2. R의 `ruinf` 함수를 활용하여 $p=0.5$인 베르누이 변수를 100개 만들어보라.

베르누이 임의수를 생성해내는 R 함수는 rbinom()이다. rbinom(N,1,p)는 1의 확률이 p인 베르누이 임의수를 N개 만들어낸다.

예 3. A씨가 $k(=3)$원을 가지고 도박을 시작하는데, A씨는 게임을 최대 10회 할 수 있다고 하자. 그 도박에서 매 게임의 승률은 0.5이고 플레이어가 이기면 1원을 따고 지면 1원을 잃는다. 그가 10회의 게임을 모두 하게 될 확률은 얼마일까? (도중이라도 잔액이 0원이 되면 플레이어는 탈락한다.)

플레이어의 잔액을 balance로 표기하자. balance > 0이면 다음 게임을 할 수 있고 그 결과로 balance는 1이 증가하거나 1이 감소하게 된다. 이를

balance ← balance + 2*rbinom(1,1,0.5)-1

로 표현할 수 있다. 초기 balance는 3이다.

따라서 다음 R 스크립트로 이 문제에 대한 답을 구할 수 있다. 시행수는 trial로 모니터링되고 있다 (random bernoulli.r).

```
k <- 3
max.trial <- 10
count <- 0
n.repeat <- 1000
for (r in 1:n.repeat){
   balance <- k
   trial <- 0
   while((trial < max.trial) & (balance > 0)) {
      trial <- trial+1
      balance <- balance + 2*rbinom(1,1,0.5)-1
   }
   if(trial == max.trial) count <- count+1
}
count/n.repeat
```

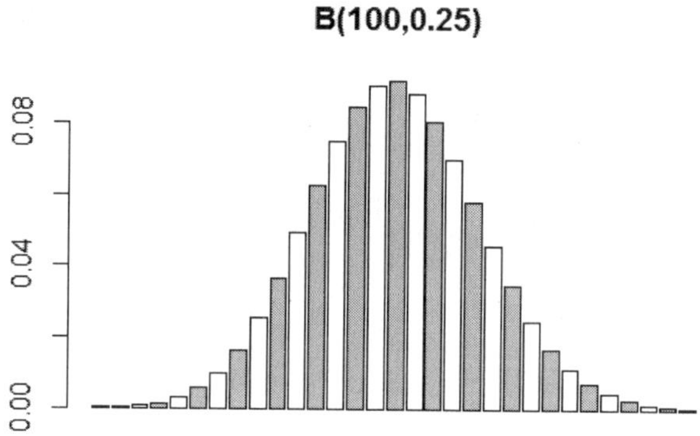

<그림 4> 이항분포 $B(100, 0.25)$에서 홀·짝의 확률

1,000회 반복의 모의시행 결과로 0.662를 얻었다. 즉, 0.338의 확률로는 10회 게임의 기회를 모두 쓰지 못하고 도중에 탈락한다. 반복수를 1,000회에서 10,000회로 늘리면 확률 추정값이 좀 더 정확해질 것이다.

독립적인 n개의 Bernoulli(p) 변수들 $X_1, X_2, \cdots, X_n$의 합은 이항분포 $B(n, p)$ 분포를 따른다. 즉,

$$S_n = X_1 + X_2 + \cdots + X_n$$

은 다음 확률로 $s\ (= 0, 1, \cdots, n-1, n)$를 값으로 취한다.

$$P\{S_n = s\} = {}_nC_s\, p^s (1-p)^{n-s}.$$

이항확률변수 S_n의 모의생성 방법은 단순하다. 즉, n개의 베르누이 변수를 생성시켜 출현 값들을 합하면 된다.

연습문제 3. R 함수 `rbinom(1000,1,0.5)`로부터 $B(10, 0.5)$ 변수의 100개 값을 만들어보라.

R 함수 `rbinom(N,n,p)`는 시행수가 n이고 1의 확률이 p인 이항변수의 N개 값을 생성해낸다.

예 4. $B(n,p)$ 분포를 따르는 이항 확률변수가 홀수 값을 취할 확률은? (홀짝 게임). <그림 4>가 $n=100$ 이고 $p=0.25$ 인 이항분포의 확률을 보여준다.

$B(100, 0.25)$ 에서 홀수의 확률을 정확히 구하려면

$$\sum_{s:1,3,\ldots,97,99} {}_{100}C_s\, 0.25^s\,(0.75)^{100-s}$$

를 계산해야 한다. 쉽지 않은 계산 문제이다 (그러나 엄청 어려운 것은 아니다.) 모의시행으로 구하는 것은 훨씬 쉽다.

다음 R 스크립트는 1,000회 반복으로 홀수의 확률을 근사해낸다.

```
s.1000 <- rbinom(1000,100,0.25)
sum(s.1000 %% 2)/1000
```

한 결과로 0.503을 얻었다.

성공(=1)의 확률이 p 인 베르누이 과정에서 k 번째 1을 얻기까지 겪어야 할 0의 수 T_k 는 음이항 분포를 따른다. T_k 는 다음 확률로 t 를 실현값으로 취한다.

$$P\{T_k = t\} = {}_{k+t-1}C_{k-1}\, p^k\,(1-p)^t, \quad t = 0, 1, 2, \cdots .$$

T_k 의 모의생성은 그 정의를 활용하면 된다.

다음 R 스크립트는 음이항 변수의 1,000개 값을 생성해낸다 ($k=3$, $p=0.5$).

```
k <- 3
p <- 0.5
N <- 1000
random.T <- rep(0,N)
for (i in 1:N){
    count <- 0
    t <- 0
    while(count < k)
```

```
+     ifelse(rbinom(1,1,p) > 0.5,count <- count+1,t <- t+1)
      random.T[i] <- t
  }
```

생성된 1,000개 음이항 확률변수 값의 분포는 다음과 같다 ($k=3$, $p=0.5$).

```
> table(random.T)
 random.T
    0   1   2   3   4   5   6   7   8   9  10  11  12  13  14  ...
  108 191 193 146 134  83  62  40  14  11   7   4   1   2   2 ...
```

R 함수 rnbinom(N,k,p)는 음이항 확률변수의 N개 값을 생성해낸다 (k번째 1을 얻기까지, 1의 확률은 p).

지수분포와 포아송 분포

연속형인 분포함수 $F(x)$가 다음 조건을 만족한다고 하자.

$$\frac{f(x)}{1-F(x)} = \lambda, \quad \text{for all } x \geqq 0.$$

여기서 $F(x) = P\{X \leq x\}$, $f(x) = \frac{d}{dx}F(x)$이고 λ는 양 부호의 상수이다 ($F(0) = 0$). 위 식의 양변을 0부터 적분하면

$$-\log_e (1-F(x)) = \lambda x, \quad x \geqq 0$$

이므로

$$1-F(x) = \exp(-\lambda x), \quad x \geqq 0$$

이다. 따라서 X의 확률밀도 함수는

$$f(x) = \lambda e^{-\lambda x}, \quad x \geqq 0$$

이다. 이를 지수분포(exponential distribution)라고 하고 exp(λ)로 표기한다.

exp(λ) 분포를 따르는 확률변수 X의 기대값은 어렵지 않게 $1/\lambda$임을 보일 수

있다. 지수분포는 불확실한 사건 발생까지의 대기시간(waiting time)에 대한 참조 분포(reference distribution)로 쓰이는데 그런 경우 λ는 시간당 사건 발생 수, 즉 발생률(occurrence rate)의 의미를 갖는다.

exp(λ) 변수 X의 생성은 다음 식을 통하여 이루어진다.

$$X = -\frac{1}{\lambda}\log_e(1-U),$$

여기서 U는 uniform(0,1) 변수이다. 그 이유는

$$\begin{aligned} P\{X \leqq x\} &= P\left\{-\frac{1}{\lambda}\log_e(1-U) \leqq x\right\} \\ &= P\{U \leqq 1-e^{-\lambda x}\} = 1-e^{-\lambda x},\ \ x \geqq 0, \end{aligned}$$

$$\therefore\ \ f(x) = \frac{d}{dx}P\{X \leqq x\} = \lambda e^{-\lambda x},\ \ x \geqq 0$$

이기 때문이다.

R 함수 `rexp(N,rate)`는 발생률이 rate $(=\lambda)$인 지수변수의 N개 값을 생성해낸다. 다음 R 스크립트를 실행하여 2개의 summary 출력을 비교해보라. 무엇이 기대되는가? (R 스크립트 random exponential.r)

```
u <- runif(1000)
lambda <- 2
x <- -1/lambda*log(1-u)
round(summary(x),2)
round(summary(rexp(1000,lambda)),2)
```

연습문제 4. 10분에 2대의 빈도로 빈 택시가 지나가는 상황에서 10분이 지나도록 택시를 잡지 못할 확률을 1,000개의 지수변수 값을 생성해 추정하라. 그리고 그것을 e^{-2}과 비교하라.

발생률이 λ인 사건이 지수분포의 임의간격으로 터진다고 하자. 그러면 단위 시구간 $(0,1)$에 몇 개의 사건이 발생하는가?

발생 건수를 확률변수 Z로 표기하자. 그러면

$$P\{Z=0\} = P\{X \geqq 1\} = e^{-\lambda}$$

임을 알 수 있다 (여기서 X는 exp(λ) 분포를 따르는 확률변수). 왜냐하면 첫 번째 사건이 시점 1까지도 발생하지 않아야 하므로. $z = 1, 2, \cdots$ 에 대한 Z의 확률 $P\{Z=z\}$는 다소 복잡한, 그러나 매우 인상적인 연립미분방정식으로 유도될 수 있는데 여기서는 그 결과만 소개하기로 한다.

$$P\{Z=z\} = e^{-\lambda}\frac{\lambda^z}{z!}, \quad z = 0, 1, 2, \cdots .$$

이것이 Poisson(λ)로 표기되는 포아송 분포이고 $E(Z) = \lambda$이다.

다음은 Poisson(λ) 변수를 $N(=1000)$개 생성해내는 R 스크립트이다. 시구간 $(0,1)$에 발생한 사건을 계수(計數, counting)하였다.

```
lambda <- 2
N <- 1000
z <- rep(0,N)
for(i in 1:N){
    time <- 0
    count <- 0
    while(time < 1){
        time <- time + rexp(1,lambda)
        count <- count + 1
    }
z[i] <- count - 1
}
sum(z==0)/N
```

마지막 줄 `sum(z==0)/N`이 실행되면 어떤 값이 나타날 것 같은가? 그 값을

$e^{-\lambda}$, 즉 `exp(-lambda)`와 비교해보라.

R 함수 `rpois(N,lambda)`는 Poisson(λ) 변수의 N개 값을 생성해낸다.

포아송 분포 Poisson(λ)는 n이 매우 크고 p가 매우 작은 이항분포 $B(n, p)$와 비슷하다 (여기서 $\lambda = np$). 이 때문에 포아송 분포는 보험청구 건수에 대한 확률모형으로 활용된다.

연습문제 5. 보험사 A는 1,000건의 계약을 유지하고 있는데, 1년에 평균 2건의 청구가 있을 것으로 예상하고 있다. 이 보험사에 5건 이상의 청구가 발생할 확률은 얼마인가? 7건 이상의 청구가 발생할 확률은? 이항분포를 가정하는가, 아니면 포아송 분포를 가정하는가에 따라 답에 차이가 있는가?

정규분포

확률변수 W가 발생률 $\frac{1}{2}$의 지수분포 exp($\frac{1}{2}$)를 따른다고 하자 (평균 2). 즉, W의 확률밀도함수가

$$h(w) = \frac{1}{2}\exp(-\frac{w}{2}), \quad w > 0$$

이다. 그리고 확률변수 Θ가 W와 독립적으로 0과 2π 사이의 균일분포를 따른다고 하자. 그러면

$$X = R\cos\Theta, \qquad Y = R\sin\Theta$$

가 각각 표준정규분포 $N(0,1)$을 따르게 된다 (증명 생략). 여기서 $R = \sqrt{W}$이고 $N(0,1)$ 분포의 확률밀도함수는

$$f(x) = \frac{1}{\sqrt{2\pi}}\exp(-\frac{x^2}{2}), \quad -\infty < x < \infty$$

이다. $R = \sqrt{X^2 + Y^2}$이므로 (X, Y)는 2차원 평면에서 반경 R인 원의 둘레에 있는 한 점이다. 그러므로 표준정규분포를 따르는 변수는 지수분포 임의수 생성

기와 균일분포 임의수의 생성기로부터 만들어질 수 있다.

연습문제 6. R 함수 rexp와 runif를 써서 $N(0,1)$ 변수의 1,000개 값을 만들어 히스토그램을 제시하라.

R 함수 rnorm(N,mu,sigma)는 $N(\mu,\sigma)$를 따르는 정규확률변수의 N개 값을 만들어낸다.

예 5. 우리나라 남자들의 키가 평균 172, 표준편차 12의 정규분포를 따른다고 하자. 소수점 이하를 절삭하여 키(height)를 보고한다고 할 때 키가 홀수인 사람들의 비율은 얼마인가?

다음은 이 문제를 몬테칼로 방법으로 풀기위한 R 스크립트이다 (10,000명을 조사한 것으로 되어 있다, random normal.r).

```
mu <- 172
sigma <- 6
x <- rnorm(10000,mu,sigma)
obs <- floor(x)
table(obs %% 2)
```

한 결과는 다음과 같다.

```
> table(obs %% 2)
    0    1
 5020 4980
```

홀수와 짝수의 빈도가 거의 같은 것으로 나타났다. 그러므로 만약 실제 조사 결과 홀수의 빈도가 짝수의 빈도보다 뚜렷하게 크다면(작다면) 응답오류를 의심해봐야 한다. 남자들이 자기의 키를 홀수(짝수)로 응답하려는 경향이 있는 것이 아닐까?

U와 V가 독립적으로 $N(0,1)$을 따른다고 하자. 이 때,

$$X = U, \ \ Y = \rho U + \sqrt{1-\rho^2}\, V$$

로 X와 Y를 정의하면, 새로 정의된 변수들은 각각 $N(0,1)$을 따르면서 ρ의 상관을 갖게 된다 $(-1 < \rho < 1)$.

예 6. 통계학 수강 학생들의 중간시험과 기말시험이 이변량 정규분포를 따르고 두 변량 간 상관이 $\rho > 0$라고 하자. 중간시험과 기말시험이 모두 평균 이상인 학생들은 전체 중 어떤 비율로 나타날까?

다음은 10,000명의 중간성적 x와 기말성적 y를 모의 생성시켜

`(x > 0) & (y > 0)`

인 빈도를 산출하는 R 스크립트이다 (x와 y의 평균은 0, 표준편차는 1). ρ는 0.5로 지정되었다.

```
u <- rnorm(10000)
v <- rnorm(10000)
rho <- 0.5
x <- u
y <- rho*u + sqrt(1-rho^2)*v
sum((x > 0) & (y > 0))
```

한 결과는 3343. 그러니까 ρ가 0.5인 경우 중간시험과 기말시험이 모두 평균 이상인 학생은 전체의 33.4%라는 것이다.

연습문제 7. 앞의 예에서 ρ가 0인 경우에는 어떤 결과를 예상할 수 있는가? ρ가 1에 근접하게 되면 어떤 결과를 예상할 수 있는가? 수학으로 답을 하고 계산으로 확인하라.

예 7. [앞 문제의 계속, $\rho = 0.5$] 중간성적이 평균 이상인 학생들 중에서 기말시험이 중간시험보다 좋게 나오는 학생들의 비율은 어느 정도일까? 즉,

```
sum((x > 0) & (y > x))/sum(x > 0)
```

을 산출해보자.

한 결과는 33.5%. 언뜻 생각하면 x > 0 중에서 y > x 의 빈도와 y < x 의 빈도는 비슷할 것 같으나 그렇지 않다. 왜냐하면 회귀(regression)의 원리가 작용하기 때문이다. 중간시험에서 평균 이상을 한 학생들은 기말시험에서는 중간시험에 비교해 못할 가능성이 크다!!!

연습문제 8. 앞의 예에서 ρ가 0인 경우에는 답이 얼마인가? ρ가 1에 근접하게 되면 답이 어떻게 될까?

감마 분포

$X_1, X_2, \cdots, X_n$이 독립적으로 각각 지수분포 exp(λ)를 따르는 경우

$$W_n = X_1 + X_2 + \cdots + X_n$$

은 어떤 분포를 따르게 되는가? 확률론 · 수리통계학에 의하면 그것은 감마 분포 Gamma(n, λ)를 따른다. 즉, W_n의 확률밀도함수는

$$f(w) = \frac{\lambda^n}{\Gamma(n)} w^{n-1} e^{-\lambda w}, \ w > 0$$

이다. 여기서 $\Gamma(n) = \int_0^\infty t^{n-1} e^{-t} dt$이고 n이 자연수인 경우 $\Gamma(n) = (n-1)!$. 따라서 Gamma(n, λ) 변수 생성은 exp(λ) 변수를 독립적으로 n개 만들어 합을 함으로써 종결된다.

예 8. A씨는 자기 집에서 회사까지 가기 위해서 10곳의 교차로를 통과하게 되는데 각 교차로에서 exp(2) 분포를 따르는 임의시간 만큼 지체된다면, 그는 어느 정도의 총 지체시간을 감수해야 하는가?

다음은 독립적인 10개 exp(2) 변수의 합을 1,000번 모의 생성시켜 히스토그램을 산출하는 R 스크립트이다 (random gamma.r).

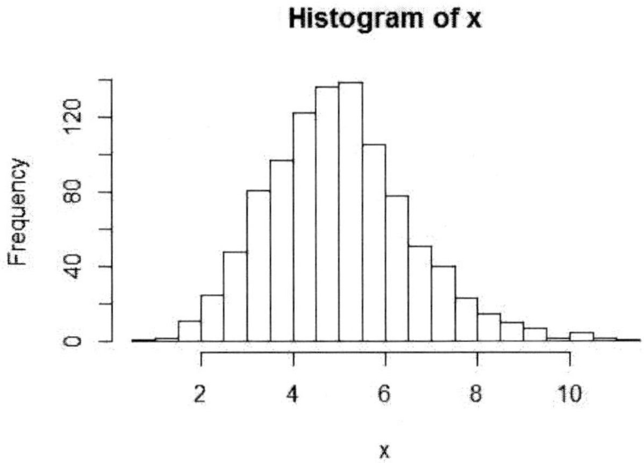

<그림 5> 감마 지체시간

```
x <- rep(0,1000)
for (i in 1:1000){
    sum <- 0
    for(j in 1:10) sum <- sum + rexp(1,2)
    x[i] <- sum
}
hist(x, nclass=20)
mean(x);  sum(x > 10)
```

<그림 5>에서 분포를 보라. 평균을 살펴보면 5분 정도이고 지체시간이 10분 이상인 빈도는 1,000번 중 5번 정도이다.

R 함수 `rgamma(N,n,lambda)`는 N개의 Gamma(n,λ) 변수 값을 생성해낸다. 따라서 앞의 예는 다음의 R 스크립트 한 줄로 해결될 수 있다.

```
sum(rgamma(1000,10,2) > 10)
```

연습문제 9. A씨는 자기 집에서 회사까지 가기 위해서 10곳의 교차로를 통과하게 되는데 각 교차로에서 exp(2) 분포를 따르는 임의시간 만큼 지체된다. B씨도 그런 점에서는 마찬가지이다. A의 지체시간 T_A와 B의 지체시간 T_B가 독립적이라는 가정하여 T_A와 T_B의 비, 즉 $T_A / T_B (= F)$가 취하는 분포를 구하라.

극단값 분포*

$X_1, X_2, \cdots, X_n$이 독립적으로 각각 평균이 θ인 지수분포를 따르는 경우

$$Y_n = \max(X_1, X_2, \cdots, X_n)$$

의 분포는 어떻게 되는가? 그것의 밀도함수는

$$f_n(y) = \frac{n}{\theta} e^{-\frac{y}{\theta}} \left(1 - e^{-\frac{y}{\theta}}\right)^{n-1}, \quad y > 0$$

이다. 수학적 증명은 어렵지 않지만 여기서는 생략한다. 또한

$$Z_n = Y_n - \theta \log_e n$$

의 분푸는, n이 무한히 커짐에 따라, 다음의 밀도함수로 근사됨을 어렵지 않게 보일 수 있다.

$$g(z) = \frac{1}{\theta} e^{-\frac{z}{\theta} - e^{-\frac{z}{\theta}}}, \quad -\infty < z < \infty.$$

이 분포를 척도 θ의 극단값 분포(extreme distribution)라고 한다. 따라서 Y_n의 밀도함수는 다음과 같이 근사될 수 있다. 큰 n에 대하여

$$f_n(y) \simeq \frac{1}{\theta} e^{-\frac{1}{\theta}(y - \theta \log_e n) - e^{-\frac{1}{\theta}(y - \theta \log_e n)}}, \quad y > 0.$$

예 9. A 지역의 100년에 걸친 강수량을 $X_1, X_2, \cdots, X_{100}$으로 표기하자. 이들은 각각 평균이 100mm인 지수분포를 따르고 모두 독립적이라고 가정하자.

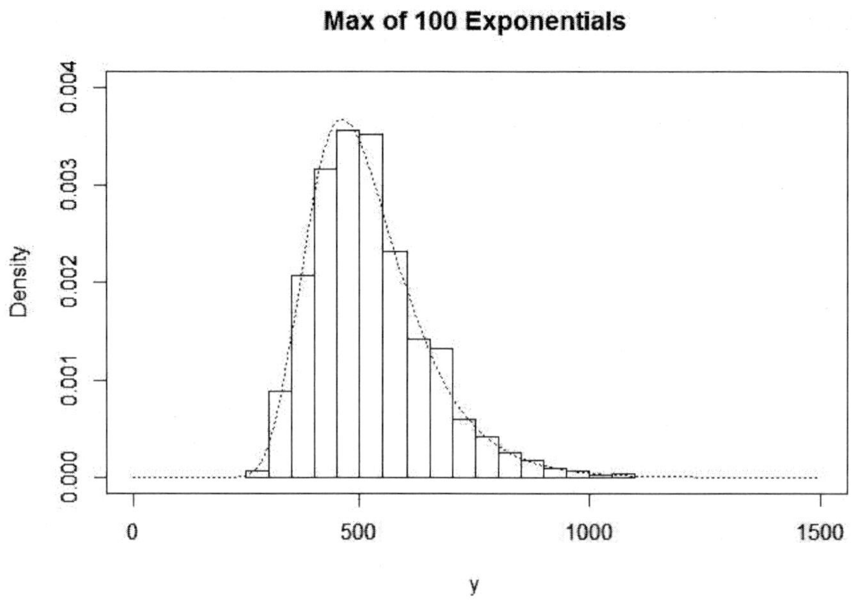

<그림 6> 100년 최대 강수량의 분포

100년 최대 강수량은 어떻게 될까? 이것은 $Y_{100} = \max(X_1, X_2, \cdots, X_{100})$으로 표기된다. 여기서 $X_1, X_2, \cdots, X_{100}$은 독립적으로 각각 평균이 100인 확률변수이다. 따라서 다음과 같이 R로 Y_{100}의 히스토그램을 그릴 수 있다(random extreme.r).

```
y <- apply(matrix(rexp(1000*100,1/100),1000,100),1,max)
hist(y,nclass=20,probability=T,xlim=c(0,1500),
        ylim=c(0,0.004),main="Max of 100 Exponentials")
```

여기에 척도 100의 극단값 분포를 수평축에서 우측으로 $100\log_e(100)$ 만큼 이동시켜 히스토그램에 덧붙여 보자. 그 결과가 <그림 6>이다. [1)]

1)
```
f <- function(z) exp(-(z-100*log(100))/100-exp(-(z-100*log(100))/100))/100
par(new=T)
plot(f,0,1500,ylim=c(0,0.004),lty="dotted",col="blue",xlab="",ylab="")
```

연습문제 10. 앞의 예에서, 100년 최대 강수량의 상위 5% 분위수를 추정하라.
힌트: 다음 작업이 필요하다.

1) 100개 지수변수의 최대값 1000개를 몬테칼로 생성한다 (예 9 참조). 이로부터 표본 상위 5% 분위수 q_1 을 확보한다.

2) 앞 단계를 100번 반복하여 표본 5% 분위수 $q_1, \cdots, q_{100}$을 확보한다. 다음은 $q_1, \cdots, q_{100}$의 히스토그램이다.

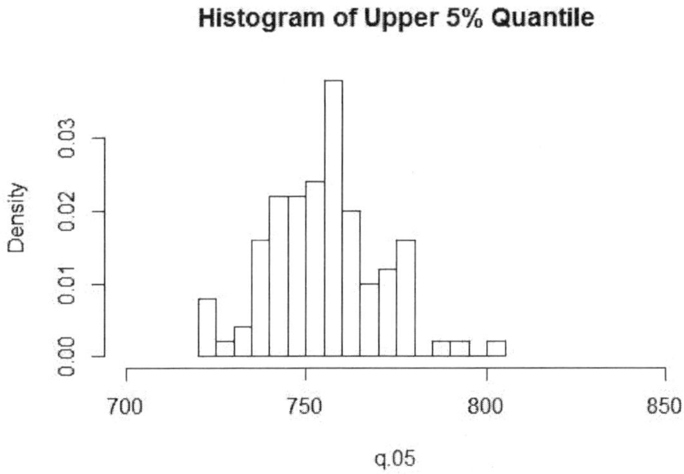

3) 100년 최대 강수량의 상위 5% 분위수는 다음으로 추정된다.

- 추정값 $\hat{q}$ = mean($q_1, \cdots, q_{100}$),
- $\hat{q}$의 표준오차 = sd($q_1, \cdots, q_{100}$)/$\sqrt{100}$.

Python의 임의 수 생성 함수

지금부터는 R의 임의 수 생성 코드를 Python 코드로 바꿔보기로 한다.

균일분포(from R):
```
n <- 100
x <- runif(n, 0, 1)
head(x, 10)
```

to Python:
```
import numpy as np
n = 100
x = np.random.uniform(0, 1, n)
x[0:10]
```

이항분포(from R):
```
n <- 100
x <- rbinom(n, size=10, prob=0.5)
head(x, 10)
```

to Python:
```
import numpy as np
n = 100
size = 10
prob = 0.5
x = np.random.binomial(size, prob, n)
x[:10]
```

지수분포(from R):
```
n <- 100
x <- rexp(n, rate=1)
head(x, 10)
```

to Python:
```
import numpy as np
n = 100
rate = 1
x = np.random.exponential(1/rate, n)
x[:10]
```

포아송 분포(from R):
```
n <- 100
x <- rpois(n,  lambda=1)
head(x, 10)
```

to Python:
```
import numpy as np
n = 100
```

```
lambda_ = 1
x = np.random.poisson(lambda_, n)
x[:10]
```

정규분포(from R):

```
n <- 100
x <- rnorm(n, mean=0, sd=1)
head(x, 10)
```

to Python:

```
import numpy as np
n = 100
mean = 0
sd = 1
x = np.random.normal(mean, sd, n)
x[:10]
```

감마 분포(from R):

```
n <- 100
x <- rgamma(n,  shape=2, rate=1)
head(x, 10)
```

to Python:

```
import numpy as np
n = 100
shape = 2
rate = 1
scale = 1/rate
x = np.random.gamma(shape, scale, n)
x[:10]
```

연습문제 11. 극단값 분포(일명 Gumbel(굼벨) 분포)로부터 임의 수 생성을 위한 함수로, R에는 `rgumbel()`가 있고 Python에는 `gumbel_r.rvs()`가 있다. 사용법을 학습하여 두 함수의 사용 예를 제시하라.

8장. 몬테칼로 적분

이 장에서는 정적분 $\int_R g(x)\,dx$의 몬테칼로 계산을 다룬다. 여기서 R은 적분영역이다. 적분변수가 2개 이상인 다중적분도 다룬다.

균일 임의수의 활용

적분 영역이 1차원에서 유한하다고 하자. 즉, $R=(a,b)$인 경우에서 정적분

$$I := \int_a^b g(x)\,dx\,,\quad -\infty < a < b < \infty$$

를 산출하려고 한다. 이런 경우엔 균일분포 uniform(a,b)에서 생성된 n개의 임의 수 $x_1, \cdots, x_n$를 활용하여

$$\tilde{I}_n = \frac{b-a}{n}\sum_{i=1}^{n} g(x_i) \tag{1}$$

로 $I := (b-a)\int_a^b g(x)\frac{1}{b-a}dx$를 근사할 수 있다. 왜냐하면 큰 수의 법칙(law of large numbers)에 의해

$$\frac{1}{n}\sum_{i=1}^{n} g(X_i) \to E[g(X)], \qquad \text{in probability}$$

이기 때문이다 ($n\to\infty$).

예 1. $I := \int_0^1 \sqrt{1-x^2}\;dx$를 구해보자.

$y=\sqrt{1-x^2}$, $0 \le x \le 1$이 단위원의 $\frac{1}{4}$쪽이므로 I의 참 값은 $\frac{\pi}{4}$이다. 여기서는 π가 $3.141592\cdots$로 이미 알려졌음을 무시하기로 하자.

1) 균일분포 uniform $(0, 1)$에서 n개의 임의 수 $x_1, \cdots, x_n$를 생성한다.

2) $\tilde{I}_n = \frac{1}{n} \sum_{i=1}^{n} \sqrt{1 - x_i^2}$를 산출한다. 이것이 I에 대한 몬테칼로 근사이다.

R 스크립트:

```
# simple estimation of pi
n <- 1000
set.seed(1)
x <- runif(n)
y <- sqrt(1-x^2)
integral <- sum(y)/n
round(integral,4)                          # 0.7845
round(integral*4,4)                        # 3.1382
```

$n = 1000$의 몬테칼로 표본으로 얻은 결과는 $\tilde{I}_n = 0.7845$이고 이것의 4배로 얻은 π 값은 3.1382이다. 아주 만족스러운 결과는 아니다.

Python 스크립트:

```
import numpy as np
n = 1000
np.random.seed(1)

# Generate random numbers between 0 and 1
x = np.random.uniform(0, 1, n)
# Compute y = sqrt(1 - x^2)
y = np.sqrt(1 - x**2)

# Calculate the integral
integral = np.sum(y) / n
# Display the rounded values
print(round(integral, 4))                  # 0.7858
print(round(integral * 4, 4))              # 3.1431
```

식 (1)의

$$\tilde{I}_n = \frac{b-a}{n}\sum_{i=1}^{n} g(x_i) = \frac{b-a}{n}\sum_{i=1}^{n} y_i, \qquad y_i := g(x_i)$$

는 어느 정도 정확할까? 이것의 표준오차(standard error)는

$$(b-a)\sqrt{\frac{s_y^2}{n}}$$

이다 (여기서 $s_y^2 := \frac{1}{n-1}\sum_{i=1}^{n}(y_i-\bar{y})^2$).

예 1 [계속]. $n = 1000$의 몬테칼로 표본으로 얻은 $\tilde{I}_n$과 $\tilde{\pi}_n := 4\tilde{I}_n$의 표준오차는 각각 다음과 같다.

```
se <- sd(y)/sqrt(n)
round(se,4)                # 0.0072
se_for_pi <- 4*se
round(se_for_pi,4)          # 0.0288
```

따라서 $\tilde{\pi}_n$의 표준오차를 0.0001 정도로 줄이려면 표본크기 n이 현재의 288 ($\simeq 300$)배 정도 되어야 한다. 이제 $n = 300^2 \times 1000 = 90{,}000{,}000$으로 재설정하여 $\tilde{I}_n$과 $\tilde{\pi}_n$을 구해보기로 한다. 결과는 다음과 같다.

```
round(integral,4)        # 0.7854
round(integral*4,4)      # 3.1415
round(se,6)              # 2.4e-05
round(se_for_pi,6)       # 9.4e-05
```

$\tilde{\pi}_n$의 추정 값이 3.1415로 나왔다!

지수분포의 활용

적분 영역이 $R = (0,\infty)$라고 하자. 즉 목표 적분이 $I := \int_0^\infty g(x)\,dx$인 경우이

다. 이제 형태적으로는 균일분포에 의존하기 어려워 보인다.[1] 이런 경우, 7장에서 다룬 바 있는 지수분포 exp(1)를 활용하는 방법이 있다. 이 분포는 확률밀도가

$$f(x) = e^{-x}, \quad x \geq 0$$

인데, 지수분포 exp(1)을 따르는 X는 $-\log_e(1-U)$를 통해 생성된다 (여기서 U는 균일분포 uniform(0, 1) 변수).

$$I := \int_0^\infty g(x)\,dx = \int_0^\infty g(x)e^x e^{-x}dx$$

이므로, 목표 값 I는 $E[g(X)e^X]$와 같다. 여기서 X는 지수분포 exp(1)을 따르는 확률변수이다. 따라서 I를 다음 값으로 근사시킬 수 있다.

$$\tilde{I}_n := \frac{1}{n}\sum_{i=1}^n g(x_i)\,e^{x_i} = \frac{1}{n}\sum_{i=1}^n y_i,$$

여기서 $x_1, \cdots, x_n$은 지수분포(1)에서 생성된 임의 표본, $y_i := g(x_i)\,e^{x_i}$이다. 따라서 $\tilde{I}_n$의 표준오차는 $\sqrt{\frac{s_y^2}{n}}$ 로 주어진다 (여기서 $s_y^2 := \frac{1}{n-1}\sum_{i=1}^n (y_i - \bar{y})^2$).

예 2. $I := \int_0^\infty e^{-\frac{1}{2}x^2}dx$를 구해보자 (정확한 값은 $\sqrt{\frac{\pi}{2}}$ 이지만 모른다고 하자).

$I := \int_0^\infty e^{-\frac{1}{2}x^2} e^x e^{-x}dx$이고, 지수분포 exp(1) 분포의 확률밀도가 e^{-x} 이므로 $(x \geq 0)$, I에 대한 근사로

$$\tilde{I}_n := \frac{1}{n}\sum_{i=1}^n e^{-\frac{1}{2}x_i^2} e^{x_i}$$

를 고려할 수 있다 ($x_1, \cdots, x_n$은 지수분포(1)에서 나온 임의표본). 근사값 $\tilde{I}_n$의 표준오차는 $\sqrt{\frac{s_y^2}{n}}$ 이다 ($s_y^2 := \frac{1}{n-1}\sum_{i=1}^n (y_i - \bar{y})^2$, $y_i := e^{-\frac{1}{2}x_i^2} e^{x_i}$).

R 스크립트:

```
# Monte-Carlo intgration of exp(-x^2/2) from 0 to infinity
n <- 1000
set.seed(1)
```

1) 변수 변환을 통하여 적분 영역을 $(0, 1)$로 바꾸는 방법이 있긴 하다.

```
x <- rexp(n)
g <- function(x) exp(-x^2/2)
h <- function(x) g(x) * exp(x)
y <- h(x)
integral <- sum(y)/n
round(integral,4)                # 1.2635
se <- sd(y)/sqrt(n)
round(se,4)                      # 0.0127
```

$n=1000$의 몬테칼로 표본으로 얻은 결과는 $\tilde{I}_n = 1.2635$이고 이것의 표준오차는 0.0127이다. 표준오차를 0.0001 이하로 줄이려면 표본크기를 현재의 127^2배, 넉넉하게 200^2배로 해야 한다.

위 스크립트에서 n을 40,000,000으로 놓으면

$$\tilde{I}_n = 1.2532, \quad s.e.(\tilde{I}_n) < 0.0001$$

을 얻는다. 참고로, $I := \int_0^\infty e^{-\frac{1}{2}x^2} dx$의 참 값은 $\sqrt{\frac{\pi}{2}} = 1.2533$이다.

Python 스크립트:

```
import numpy as np
n = 1000
np.random.seed(1)

# Function g(x)
def g(x):
    return np.exp(-x**2 / 2)
# Function h(x)
def h(x):
    return g(x) * np.exp(x)
# Generate random numbers from exponential distribution
x = np.random.exponential(size=n)
# Compute y = h(x)
y = h(x)
```

```
    # Calculate the integral
    integral = np.sum(y) / n
    # Calculate the standard error
    se = np.std(y) / np.sqrt(n)

    # Display the rounded values
    print(round(integral, 4))       # 1.2577
    print(round(se, 4))             # 0.0125
```

정규분포의 활용

적분 영역 R이 $(-a, a)$인데 $x=0$에서 봉우리가 있는 함수 $g(x)$를 적분하고자 한다. 즉,

$$I := \int_{-a}^{a} g(x)\,dx\,,\ 0 < a < \infty\,.$$

이런 경우에도 균일분포 uniform$(-a, a)$를 활용할 수 있지만 정규분포 $N(0, \sigma)$를 대안으로 생각해보자. 즉,

$$I := \int_{-a}^{a} g(x)\,dx = \int_{-a}^{a} \frac{g(x)}{f(x)} f(x)\,dx$$

로 I를 재표현하면서 밀도함수 $f(x)$로부터 생성된 n개의 임의 수 $x_1, \cdots, x_n$을 활용하자는 것이다. 여기서 밀도함수 $f(x)$는 가급적 $g(x)$와 유사하도록 잡는다(그 이유는 잠시 후에 설명하기로 하겠다). I는 다음의

$$\tilde{I}_n := \frac{1}{n}\sum_{i=1}^{n} \frac{g(x_i)}{f(x_i)} = \frac{1}{n}\sum_{i=1}^{n} y_i$$

로 근사될 수 있다. 여기서 $x_1, \cdots, x_n$은 밀도함수 $f(x)$에서 생성된 임의표본이고 $y_i := \dfrac{g(x_i)}{f(x_i)}$이다. 따라서 $\tilde{I}_n$의 표준오차는 $\sqrt{\dfrac{s_y^2}{n}}$; $s_y^2 := \dfrac{1}{n-1}\sum_{i=1}^{n}(y_i - \bar{y})^2$.

예 3. 자유도 m의 t-분포에서 $(-2, 2)$의 확률을 구해보자. 즉, 목표 적분은

$$I := \int_{-2}^{2} \frac{\Gamma(\frac{m+1}{2})}{\sqrt{\pi\, m}\ \Gamma(\frac{m}{2})} \left(1 + \frac{x^2}{m}\right)^{-\frac{m+1}{2}} dx$$

이다. t-분포의 밀도함수는 표준정규분포 $N(0,1)$의 그것과 유사하다. 따라서 $f(x) \propto \frac{1}{\sqrt{2\pi}} e^{-x^2/2}$으로 한다. 그런데 $(-2, 2)$에서 확률밀도가 온전히 정의되어야 하고 표준정규분포에서 그 구간 확률이 0.9544997이므로

$$f(x) := \frac{1}{0.9544997\sqrt{2\pi}} e^{-\frac{x^2}{2}}, \quad -2 \leq x \leq 2$$

로 한다 (truncated normal distribution). 이에 따라

$$\tilde{I}_n := \frac{1}{n}\sum_{i=1}^{n} \frac{g(x_i)}{f(x_i)} = \frac{1}{n}\sum_{i=1}^{n} y_i$$

로 근사된다. 여기서 $x_1, \cdots, x_n$은 $(-2, 2)$에 제한된 표준정규분포 $N(0,1)$에서 생성된 임의표본이고

$$y_i := 0.9544997 \frac{\Gamma(\frac{m+1}{2})}{\sqrt{\frac{m}{2}}\ \Gamma(\frac{m}{2})} \left(1 + \frac{x_i^2}{m}\right)^{-\frac{m+1}{2}} e^{\frac{x_i^2}{2}}$$

이다. 그리고 $\tilde{I}_n$의 표준오차는 $\sqrt{\frac{s_y^2}{n}}$ 로 주어진다.

R 스크립트: 자유도 m이 9인 경우

```
# Monte-Carlo integration of t density on (-2,2)
N <- 1000
set.seed(1)
x.0 <- rnorm(N)
x <- x.0[abs(x.0) <= 2]
n <- length(x)
n                          # 940
m <- 9
prob <- (pnorm(2)-pnorm(-2))
prob                        # 0.9544997
```

```
y <- prob*gamma((m+1)/2)/sqrt(m/2)/gamma(m/2)
        *(1+x^2/m)^(-(m+1)/2)*exp(x^2/2)
integral <- sum(y)/n
round(integral,4)                # 0.9236
se <- sd(y)/sqrt(n)
round(se,4)                      # 0.0009
2*pt(2,df=m)-1                   # 0.9234472
```

$N = 1000$개의 $N(0,1)$ 임의수 중에서 $(-2,2)$내에 들어온 $n = 940$개만이 몬테칼로 적분에 쓰였다. $\tilde{I}_n$ 값으로 0.9236이 산출되었고 이것의 표준오차는 0.001 정도였다.

따라서 표준오차를 $\frac{1}{10}$로 하려면 표본크기 N을 10^2배로 늘릴 필요가 있다. N을 100,000으로 고쳐 앞 스크립트를 다시 돌린 결과,

$$\tilde{I}_n = 0.9235\,,\ \ s.e.(\tilde{I}_n) = 0.0001\,.$$

참고로, 자유도 9의 t-분포에서 $(-2,2)$ 확률의 정확한 값은 0.9234이다.

Python 스크립트: 자유도 m이 9인 경우

```
# Monte-Carlo integration of t density on (-2,2)
import numpy as np
from scipy.stats import norm, t
from scipy.special import gamma
N = 1000
np.random.seed(1)

# Generate random numbers from a normal distribution
x_0 = np.random.normal(size=N)
# Filter values within the range [-2, 2]
x = x_0[np.abs(x_0) <= 2]
n = len(x)
# Calculate probability using the normal distribution
prob = norm.cdf(2) - norm.cdf(-2)
m = 9
```

```
# Compute y using the given formula
y = (prob*gamma((m+1)/2)/np.sqrt(m/2)/gamma(m/2)*
     (1+x**2/m)**(-(m+1)/2)*np.exp(x**2/2))

# Calculate the integral
integral = np.sum(y) / n
# Calculate the standard error
se = np.std(y) / np.sqrt(n)

# Display the rounded values
print("Integral:", round(integral, 4))                  # 0.9233
print("Standard Error:", round(se, 4))                  # 0.0008
# T-distribution calculation
t_dist_val = 2 * t.cdf(2, df=m) - 1
print("T-distribution:", round(t_dist_val, 4))          # 0.9234
```

앞에서 밀도함수 $f(x)$를 가급적 $g(x)$와 유사하도록 잡는 것이 좋다고 했는데 이제 그 이유를 말할 차례이다. n개의 $y_1, \cdots, y_n$에 의하여 몬테칼로 근사값

$$\tilde{I}_n = \frac{1}{n}\sum_{i=1}^{n} y_i$$

이 산출되고 이것의 표준오차가 $s.e.(\tilde{I}_n) = \sqrt{\frac{s_y^2}{n}}$이라고 하였으니 정확도를 높이려면 n을 크게 하거나 s_y^2을 작게 해야 한다. 여기서 후자를 생각해보자.

$$y_i := \frac{g(x_i)}{f(x_i)},\ i = 1, \cdots, n$$

이므로 $y_1, \cdots, y_n$의 산포를 줄이기 위해서는 가급적 $\frac{g(x)}{f(x)}$가 상수에 가깝게 해주어야 하는 것이다. 즉 $g(x)$가 큰 값을 취하는 x-영역에서는 $f(x)$도 큰 값을 취해야 한다. 이런 방식의 표본추출이 주요표집(importance sampling)이다.

다중적분(multiple integral)

이 절에서는 중적분 $I := \int_R\int g(x,y)\,dy\,dx$를 산출하는 것이 목표이다. 사실 1차원 공간에서의 적분은 4장에서 다룬 바 있는 수치적분이 몬테칼로 적분보다 더 강력한 경우가 많다. 그러나 고차원 공간에서의 적분은 그 반대이기 쉽다.

n개의 이변량 확률변수 $(x_1, y_1), \cdots, (x_n, y_n)$를 밀도함수 $f(x,y)$로부터 생성해낸다면

$$I := \int_R\int g(x,y)\,dy\,dx = \int_R\int h(x,y)\,f(x,y)\,dy\,dx,$$

여기서 $h(x,y) := g(x,y)/f(x,y)$

가

$$\tilde{I}_n := \frac{1}{n}\sum_{i=1}^{n} h(x_i, y_i) = \frac{1}{n}\sum_{i=1}^{n} z_i,$$

여기서 $z_i := h(x_i, y_i) = g(x_i, y_i)/f(x_i, y_i)$

로 근사된다. 이때, $\tilde{I}_n$의 표준오차는 $\sqrt{\frac{s_z^2}{n}}$ 이다, $s_z^2 := \frac{1}{n-1}\sum_{i=1}^{n}(z_i - \bar{z})^2$.

예 4. 이변량 정규분포를 따르는 (X, Y)에서 상관이 $\rho > 0$라고 하자. X와 Y가 각각 표준정규분포 $N(0,1)$을 따른다는 전제 하에서

$$P\{X \geq 0,\ Y \geq 0\}$$

을 구해보자. (X, Y)의 확률밀도는

$$f(x,y) = \frac{1}{2\pi\sqrt{1-\rho^2}}\, e^{-\frac{1}{2(1-\rho^2)}(x^2+y^2-2\rho xy)}, \quad -\infty < x,\ y < \infty$$

이다. 우리의 목표는

$$I = \int_R\int \frac{1}{2\pi\sqrt{1-\rho^2}}\, e^{-\frac{1}{2(1-\rho^2)}(x^2+y^2-2\rho xy)}\,dy\,dx,$$

여기서 $R = \{(x,y) : x \geq 0,\ y \geq 0\}$

를 산출하는 데 있다. 7장의 예 6에서는 이 문제를 상관이 ρ인 이변량 정규분포를 따르는 몬테칼로 임의수를 생성시켜 풀어낸 바 있다.

지금은 "독립적으로" 표준정규분포 $N(0,1)$을 따르는 X와 Y를 활용하자:

$$f(x,y)=\frac{1}{2\pi}\,e^{-\frac{1}{2}(x^2+y^2)}, \quad -\infty < x,\ y < \infty .$$

따라서 I를

$$I=\int_R\!\!\int \frac{1}{\sqrt{1-\rho^2}}\,e^{-\frac{1}{2(1-\rho^2)}(x^2+y^2-2\rho xy)}\,e^{\frac{1}{2}(x^2+y^2)}\,f(x,y)\,dy\,dx$$

$$=\int_R\!\!\int \frac{1}{\sqrt{1-\rho^2}}\,e^{-\frac{1}{2(1-\rho^2)}(\rho^2x^2+\rho^2y^2-2\rho xy)}\,f(x,y)\,dy\,dx$$

로 재표현하자. 따라서 I를

$$\tilde{I}_n := \frac{1}{n}\sum_{i=1}^{n} h(x_i,y_i) = \frac{1}{n}\sum_{i=1}^{n} z_i$$

로 근사할 수 있다. 여기서

$$h(x,y) := e^{-\frac{1}{2(1-\rho^2)}(\rho^2x^2+\rho^2y^2-2\rho xy)}, \quad z_i := h(x_i,y_i)$$

이고 $(x_1,y_1),\cdots,(x_n,y_n)$는 독립적인 이변량-표준정규분포로부터의 표본이다. 다음은 $n=10000$, $\rho=0.5$인 경우이다.

R 스크립트:

```
# bivariate normal probability
n <- 10000
set.seed(1)
x <- rnorm(n)
y <- rnorm(n)
rho <- 0.5
h <- function(x,y) {
   temp <- 1/sqrt(1-rho^2)
         *exp(-(rho^2*(x^2+y^2)-2*rho*x*y)/(2*(1-rho^2)))
   return(temp*ifelse(x>=0 & y>=0,1,0))
}
z <- h(x,y)
integral <- sum(z)/n
round(integral,4)   # 0.3256
```

```
se <- sd(z)/sqrt(n)
round(se,4)          # 0.0063
```

답은 $\tilde{I}_n = 0.3256$이고 $\text{s.e.}(\tilde{I}_n) = 0.0063$이다. 따라서 $\text{s.e.}(\tilde{I}_n)$을 0.0001 이하로 줄이려면 현재 표본의 100^2 정도가 필요하다. 그래서 $n = 10^8$으로 놓고 앞의 스크립트를 다시 돌렸고, 그 결과로 얻은 답은 $\tilde{I}_n = 0.3333$이고 $\text{s.e.}(\tilde{I}_n) < 0.0001$이다.

Python 스크립트:

```
import numpy as np
n = 10000
np.random.seed(1)

# Generate random numbers from a normal distribution
x = np.random.normal(size=n)
y = np.random.normal(size=n)
rho = 0.5
# Define the function h(x, y)
def h(x, y):
    temp = 1/np.sqrt(1-rho**2)*np.exp(-(rho**2*(x**2+y**2)
           -2*rho*x*y)/(2*(1-rho**2)))
    return np.where((x >= 0) & (y >= 0), temp, 0)
# Compute z using the function h(x, y)
z = h(x, y)

# Calculate the integral
integral = np.sum(z) / n
# Calculate the standard error
se = np.std(z) / np.sqrt(n)

# Display the rounded values
print("Integral:", round(integral, 4))   # 0.3418
print("Standard Error:", round(se, 4))   # 0.0064
```

예 5. p-차원 공간에서 단위 구(球, unit-radius sphere)의 부피 V_p를 구해보자. $p=2$인 경우 $V_p=\pi$이고, $p=3$인 경우 $V_p=4\pi/3$임은 잘 알려져 있고 증명도 어렵지 않다. 문제는 $p \geqq 4$인 경우이다.

$x=(x_1, \cdots, x_p)$를 p-차원 공간의 한 점으로 $-1 \leqq x_j \leqq 1$, $j=1, \cdots, p$ 라고 하자. 즉 x는 변의 길이가 2인 'p-차원 상자' B_p내 임의 점을 지칭한다. 당연히 B_p의 부피는 2^p이다. 그런데 p-차원 공간에서 단위 구는

$$x^t x = x_1^2 + \cdots + x_p^2 \leqq 1 \tag{2}$$

이므로 $x_1, \cdots, x_p$를 균일분포 uniform$(-1, 1)$에서 독립적으로 생성시켜 조건 (2)가 만족되면 hit이고 그렇지 않으면 miss로 하는, 소위 hit-or-miss counting을 $n(=10000)$번 반복하기로 하자. 그런 몬테칼로 실험의 결과로 최종 hit 비율 $\tilde{\theta}_n$가 나오면, V_p를

$$\tilde{V}_p := 2^p \, \tilde{\theta}_n$$

로 추정할 수 있지 않을까? 이것의 표준오차는

$$s.e.(\tilde{V}_p) := 2^p \sqrt{\tilde{\theta}_n (1-\tilde{\theta}_n)/n}.$$

R 스크립트: $p=4$인 경우

```
# high-dimensional monte-carlo
p <- 4
n <- 10000
set.seed(1)
sum_ <- 0
for (i in 1:n) {
  x <- runif(p,-1,1)
  r2 <- sum(x^2)
  hit <- ifelse(r2 <= 1, 1, 0)
  sum_ <- sum_ + hit
}
hit_ratio <- sum_/n
round(hit_ratio,4)             # 0.3087
```

```
round(hit_ratio * 2^p, 4)          # 4.9392
se <- 2^p * sqrt(hit_ratio*(1-hit_ratio)/n)
round(se,4)                        # 0.0739
```

4차원 구의 부피에 대한 몬테칼로 추정값은 4.939이고 표준오차는 0.074이다 (참고: 2차원 구의 부피는 3.1416 ($=\pi$), 3차원 구의 부피는 4.1888 ($=4\pi/3$)).

이제 표준오차를 0.001 정도로 낮춰 정확도를 소숫점 이하 3째 자리 수준에 맞춰보자. 현재 표본크기가 10,000인데 이것을 100^2배하면 될 것이다. 다음은 $n=10^8$으로 놓고 앞의 스크립트를 다시 돌린 결과이다.

$$\widetilde{V}_p = 4.9344 \quad \text{(s.e. = 0.0009)}.$$

참고로, 수학자들이 구한 p-차원 단위 구의 부피는

$$V_p = \frac{\pi^{p/2}}{\Gamma(\frac{p}{2}+1)}$$

이고,[2] $p=4$인 경우 수치로 바꾸면 $V_p = 4.9348$이다. 우리가 얻은 $\widetilde{V}_p$는 V_p와 소숫점 이하 3째 자리까지 일치한다.

```
volume <- pi^(p/2)/gamma(p/2+1)
round(volume,4)                    # 4.9348
```

$p=5$인 경우에 얻은 몬테칼로 결과는 다음과 같다.

- $n=10000$; $\widetilde{V}_p = 5.2896$ (s.e. = 0.1189).
- $n=10000\times 120^2$; $\widetilde{V}_p = 5.2642$ (s.e. = 0.0010).

참고로, $p=5$에서 $V_p = 5.2638$. (놀라운 사실은 $V_5 > V_6 > V_7 > \cdots$ 라는 것!)

Python 스크립트: $p=4$인 경우

```
import numpy as np
p = 4
```

2) 고차원 적분의 결과이다. 위키피디어 참조.

```
n = 10000
np.random.seed(1)

sum_ = 0
for i in range(n):
    x = np.random.uniform(-1, 1, p)
    r2 = np.sum(x**2)
    hit = 1 if r2 <= 1 else 0
    sum_ += hit
hit_ratio = sum_ / n

# Display the rounded values
print("Hit ratio:", round(hit_ratio, 4))                 # 0.3043
print("Volume estimate:", round(hit_ratio*2**p,4))   # 4.8688
# Calculate the standard error
se = 2**p * np.sqrt(hit_ratio * (1 - hit_ratio) / n)
print("Standard Error:", round(se, 4))                    # 0.0736
```

연습문제

1. 'hit-or-miss' 방법으로 2차원 정사각형 $(-1,1)^2$ 내 단위원의 비율로부터 원주율 π를 추정하라. 같은 표본크기 $n(=1000)$을 썼을 때, 이 방법의 정확도를 예 1과 비교하라.

2. $I := \int_{-\pi/2}^{\pi/2} \frac{1}{1+\sin^2 x}\,dx$를 산출하라. (적어도 두 가지 방법을 써서)

3. $I := \int_{-\infty}^{\infty} e^{-x^4}\,dx$를 주요표집(importance sampling) 방법으로 산출하라.

9장. MCMC

이 장은 마르코프 연쇄 몬테칼로(Markov chain Monte-Carlo, 줄여서 MCMC)를 다룬다. MCMC는 $g(x) \geqq 0$에 비례하는 확률밀도함수로부터 임의 수를 꺼내는 방법이다. 이 방법은 마르코프 연쇄로부터 확률적 수열을 생성해낸다. 이 장은 메트로폴리스(Metropolis) 알고리즘에 의한 MCMC 방법을 다룬다.[1)]

마르코프 연쇄 (Markov chain)

마르코프 연쇄 $X_1, X_2, \cdots, X_n, \cdots$는 확률적인 2개 항 점화 수열이다. 즉, 이 확률과정에서 X_n의 분포는 X_{n-1}의 실현값 x_{n-1}에만 의존한다 ($n = 1, 2, \cdots$. 초기 값 x_0는 주어진다).

예 1. 임의 보행(random walk)

$Z_1, Z_2, Z_3, \cdots$가 독립적으로 같은 분포를 따르는 (i.i.d) 변수들이면서 기댓값이 0이라고 하자. 원점에서 시작하는 확률적 수열 $X_1, X_2, X_3, \cdots$,

$$X_n = X_{n-1} + Z_n; \quad x_0 = 0$$

은 마르코프 연쇄이다. X_n은 x_{n-1}에 Z_n이 붙어 실현되기 때문이다.

예 2. 사회계층 이동

부모-자식 세대의 사회계층(= 상(1) · 중상(2) · 중하(3) · 하(4)) 이동이 다음 전이행렬(transition matrix)로 기술된다고 하자.

$$P = \begin{pmatrix} 0.4, 0.3, 0.2, 0.1 \\ 0.2, 0.5, 0.2, 0.1 \\ 0.1, 0.2, 0.5, 0.2 \\ 0.1, 0.2, 0.3, 0.4 \end{pmatrix}.$$

여기서 행은 부모의 계층이고 열은 자식의 계층이다. 그렇기에 상층에서 상층

1) MCMC의 다른 한 방법인 깁스 표집(Gibbs sampling)은 다루지 않는다.

으로 남을 확률이 0.4이고, 상층에서 중상층, 중하층, 하층으로 전이될 확률은 0.3, 0.2, 0.1이다. 각 행의 합은 1이지만 각 열의 합은 1이 아닐 수 있다.

마르코프 연쇄에서 2-단계 전이는 전이행렬 $P^{[2]} := P^2$ 으로 정해진다. 확장하여, 마르코프 연쇄의 n-단계 전이는

$$P^{[n]} := P^n, \quad n = 2, 3, 4, \cdots$$

로 정해진다. 다음 R 스크립트는 앞의 연쇄에서 10-단계 전이행렬 $P^{[10]}$ 을 산출해낸다 ($n = 10$).

```
# social class transition
P <- matrix(c(0.4,0.3,0.2,0.1,
      0.2,0.5,0.2,0.1,
      0.1,0.2,0.5,0.2,
      0.1,0.2,0.3,0.4), nrow=4, byrow=TRUE)
P_n <- P
for (i in 2:10) P_n <- P_n %*% P
round(P_n, 6)
## 출력:
##          [,1]     [,2]     [,3]     [,4]
## [1,] 0.187526 0.312526 0.312474 0.187474
## [2,] 0.187526 0.312526 0.312474 0.187474
## [3,] 0.187474 0.312474 0.312526 0.187526
## [4,] 0.187474 0.312474 0.312526 0.187526
```

각 열이 거의 같은 값의 반복으로 채워지는 것을 볼 수 있는데 20 $(= n)$ 단계 후의 $P^{[n]}$ 을 구해보면 4개 열이 각각 $0.1875, 0.3125, 0.3125, 0.1875$ 의 반복으로 채워진다 (소수점 아래 4째 자리까지 일치함).

이론적으로, 이산적 상태공간 $\{1, \cdots, k\}$ 에서의 마르코브 연쇄는 몇 개 조건[2]하에서 정상분포(定常分布, stationary distribution) $\pi^t = (\pi_1, \cdots, \pi_k)$ 에 수렴하게 되는데 그 분포는 다음 방정식의 해이다.

---

2) Irreducibility, apeiodicity, positive recurrence. 이 책에서는 다루지 않는다.

$$\pi^t = \pi^t P, \quad \sum_{j=1}^{k} \pi_j = 1 \ , \pi_j \geqq 0 . \tag{1}$$

(1)을 풀어쓰면

$$\pi_j = \sum_{i=1}^{k} \pi_i p_{ij}, \ \ j = 1, \cdots, k$$

이다. 따라서 X_{n-1}의 분포가 $\pi^t = (\pi_1, \cdots, \pi_k)$라면 X_n의 분포도 그것과 같다.

예 2 [계속]. $P = \begin{pmatrix} 0.4, 0.3, 0.2, 0.1 \\ 0.2, 0.5, 0.2, 0.1 \\ 0.1, 0.2, 0.5, 0.2 \\ 0.1, 0.2, 0.3, 0.4 \end{pmatrix}$에 대하여, (1)의 해 π를 R로 구해보자.

```
k <- nrow(P)
A <- t(P) - diag(rep(1,k))
A[k, ] <- rep(1, k)
b <- rep(0, k)
b[k] <- 1
solve(A, b)   ## 0.1875, 0.3125, 0.3125, 0.1875
```

정상분포 π는 $\lim_{n \to \infty} P^n$ 으로부터도 얻을 수 있다. 이 마르코프 연쇄는 초기 상태가 어디였던 관계없이 $(0.1875, 0.3125, 0.3125, 0.1875)$로 확률 수렴한다.

Python 스크립트:

```
# Markov chain of social classes
import numpy as np

# Define the matrix P
P = np.array([[0.4, 0.3, 0.2, 0.1],
              [0.2, 0.5, 0.2, 0.1],
              [0.1, 0.2, 0.5, 0.2],
              [0.1, 0.2, 0.3, 0.4]])
# Calculate the 10th power of P
P_n = np.linalg.matrix_power(P, 10)
```

```
# Round the elements of P_n to 6 decimal places
P_n_rounded = np.round(P_n, 6)
print("P to the power of 10, rounded:")
print(P_n_rounded)
```

```
## [[0.187526 0.312526 0.312474 0.187474]
## [0.187526 0.312526 0.312474 0.187474]
## [0.187474 0.312474 0.312526 0.187526]
## [0.187474 0.312474 0.312526 0.187526]]
```

```
# Calculate the stationary distribution
k = P.shape[0]
A = P.T - np.eye(k)
A[-1, :] = 1
b = np.zeros(k)
b[-1] = 1
stationary_dist = np.linalg.solve(A, b)
print("Stationary distribution:")
print(stationary_dist)
```

```
## [0.1875 0.3125 0.3125 0.1875]
```

이제까지는 전이행렬 P가 주어졌을 때 정상분포 π를 구하는 방법을 말하였는데, 지금부터는 지정된 정상분포 π를 출력하는 전이행렬 P를 구하는 방법을 다룬다.

메트로폴리스 알고리즘 I

상태공간 S가 이산적으로 유한집합인 경우부터 다루기로 하자: $S = \{1, \cdots, k\}$. 메르로폴리스(Metropolis) 알고리즘은 지정된 확률분포 $\pi^t = (\pi_1, \cdots, \pi_k)$를 따르는 임의 수를 마르코프 연쇄로부터 생성해낸다 (Nicholas Metropolis, 1953).[3)]

[0] $x_0 = 1$, $n = 1$로 놓는다.

[1] $S = \{1, \cdots, k\}$에서 균일 확률 $\frac{1}{k}$로 하나를 선택한다. 그것을 x^*라고 하자.

3) 여기서는 이에 대한 이론적 근거는 다루지 않겠다.

[2] $\pi_{x^*} \geq \pi_{x_{n-1}}$ 이면, $x_n := x^*$. 그렇지 않으면

$$x_n := \begin{cases} x^*, & \text{확률} \quad \alpha \\ x_{n-1}, & \text{확률} \; 1-\alpha \end{cases},$$

여기서 $\alpha := \pi_{x^*} / \pi_{x_{n-1}} < 1$.

[3] n을 1 증가시키고 이것이 정해진 크기 N보다 크게 되면 $x_1, \cdots, x_N$을 출력하고 알고리즘을 종료한다. 그렇지 않으면 단계 [1]로 돌아간다.

예 2. 사회계층 이동 [계속]

부모-자식 세대의 사회계층(= 상(1) · 중상(2) · 중하(3) · 하(4))의 비율이

$$\pi^t = (0.1, 0.4, 0.4, 0.1)$$

이 되도록 하려면 마르코프 연쇄에서 전이 행렬이 어떻게 잡혀야 할까?

메트로폴리스 알고리즘이 이에 대한 답을 제공한다. 알고리즘에 의하면

- 계층 1에서 계층 2로의 이동은 "계층 2가 선택되는 사건"이다 (확률 0.25). 왜냐하면 $\pi_2/\pi_1 > 1$이기 때문. 계층 1에서 계층 3으로의 이동도 이와 같다 (확률 0.25).

  계층 1에서 계층 4로의 이동은 "계층 4가 선택되는 사건"이다 (확률 0.25). 왜냐하면 $\pi_4/\pi_1 = 1$이기 때문.

- 계층 1에서 계층 1로의 이동은 앞의 세 사건의 여사건(complement)이므로 그 확률은 $1 - 0.25 - 0.25 - 0.25 = 0.25$ 이다.

- 계층 2에서 계층 1로의 이동은 "계층 1가 선택되는" 확률 0.25와 생성 값이 선택되는 확률 $\pi_1/\pi_2 (= 0.25)$의 곱이다. 따라서 확률은 0.0625. 계층 2에서 계층 4로의 이동은 "계층 2가 계층 1로의 이동"과 확률이 같다.

- 계층 2에서 계층 3으로의 이동은 "계층 3이 선택되는" 확률 0.25이다. 왜냐하면 $\pi_3/\pi_2 = 1$ 이기 때문.

- 계층 2에서 계층 2로의 이동은 앞의 세 사건의 여사건(complement)이므로 그 확률은 $1 - 0.0625 - 0.25 - 0.0625 = 0.625$ 이다.

이런 식으로 따져보면 전이행렬이 다음과 같이 명시된다.

$$P_{mcmc} = \begin{pmatrix} 0.25, & 0.25, & 0.25, & 0.25 \\ 0.0625, & 0.625, & 0.25, & 0.0625 \\ 0.0625, & 0.25, & 0.625, & 0.0625 \\ 0.25, & 0.25, & 0.25, & 0.25 \end{pmatrix}.$$

이 전이행렬에 해당하는 정상분포가 $\pi^t = (0.1, 0.4, 0.4, 0.1)$ 여야 한다. 이를 수치적으로 확인해보자.

```
P.mcmc <- matrix(
    c(0.25,  0.25, 0.25, 0.25,
      0.0625,0.625,0.25, 0.0625,
      0.0625,0.25, 0.625,0.0625,
      0.25,  0.25, 0.25, 0.25),   nrow=4, byrow=TRUE)
k <- nrow(P.mcmc)
A <- t(P.mcmc) - diag(rep(1,k))
A[k, ] <- rep(1, k)
b <- rep(0, k)
b[k] <- 1
solve(A, b)                                    ## 0.1, 0.4, 0.4, 0.1
```

다음 R 스크립트는 $\pi = (0.1, 0.4, 0.4, 0.1)$ 분포에 적용된 메트로폴리스 알고리즘의 구현이다. 첫 $B(=100)$ 개의 임의수는 불용처리되었다(burn-in). 초기값 $x_1(=1)$ 에 의한 영향을 배제하기 위해서이다.

```
# mcmc for social class movement
x <- 1:4
pi_ <- c(0.1, 0.4, 0.4, 0.1)
k <- length(x)

N <- 10000; B <- 100
x <- rep(NA,N+B)
x[1] <- 1
set.seed(1)

for (n in 2:(N+B)) {
```

```
    i <- x[n-1]
    j <- sample(1:k, 1)
    alpha <- pi_[j]/pi_[i]
    if (alpha >= 1) {
        x[n] <- j
     }
     else {
        x[n] <- ifelse(runif(1)<alpha, j, i)
     }
}

table(x[(B+1):(N+B)])/N
## 출력:
##      1      2      3      4
##  0.1010 0.3942 0.4032 0.1016

addmargins(table(x[B:(B+N-1)],x[(B+1):(B+N)]))
## 출력:
##          1     2     3     4   Sum
##   1    246   236   268   260  1010
##   2    254  2466   983   239  3942
##   3    263   973  2539   257  4032
##   4    247   267   242   260  1016
##   Sum 1010  3942  4032  1016 10000
```

Python 스크립트:

```
# mcmc for social class movement
import numpy as np
import random
np.random.seed(1)

# Parameters
x_vals = np.array([1, 2, 3, 4])
pi_ = np.array([0.1, 0.4, 0.4, 0.1])
```

```
k = len(x_vals)
N = 10000  # Total number of iterations
B = 100    # Burn-in period

# Initialize the Markov chain
x = np.empty(N+B, dtype=int)
x[0] = 1

# MCMC simulation
for n in range(1, N+B):
    i = x[n-1] - 1
    j = np.random.choice(x_vals) - 1
    alpha = pi_[j]/pi_[i]
    if alpha >= 1:
        x[n] = j+1
    else:
        x[n] = j+1 if np.random.uniform() < alpha else i+1

# Frequency of each class after burn-in
class_frequency = np.bincount(x[B:])/N
print("Class Frequencies:")
print(class_frequency[1:])
## [0.099  0.3948 0.4021 0.1041]

# Transition matrix
transitions = np.zeros((k, k), dtype=int)
for (i, j) in zip(x[B-1:-1], x[B:]):
    transitions[i-1, j-1] += 1

# Adding margins (row and column sums)
transitions_with_margins =
    np.vstack([transitions, transitions.sum(axis=0)])
transitions_with_margins =
    np.hstack([transitions_with_margins,
    transitions_with_margins.sum(axis=1).reshape(-1, 1)])
```

```
print("Transition Matrix with Margins:")
print(transitions_with_margins)
## [[  239   224   279   248   990]
## [  249  2462   986   250  3947]
## [  258   997  2511   256  4022]
## [  244   265   245   287  1041]
## [  990  3948  4021  1041 10000]]
```

메트로폴리스 알고리즘 II

보다 현실적인 몬테칼로 과업은 상태공간 S가 연속적이면서 경계가 유한하지 않은 경우에서 확률밀도 $\pi(x)$를 정상분포로 갖는 임의표본을 생성해내는 작업이다. 상태공간 S가 실수의 전 구간 $(-\infty, \infty)$라고 하자.

[0] $x_0 = 0$, $n = 1$로 놓는다.

[1] 정규분포 $N(0, \sigma)$에서 임의수 1개 z^*를 생성한다. 그리고 $x^* := x_{n-1} + z^*$로 놓는다 (임의보행, random walk).

[2] $\pi(x^*) \geq \pi(x_{n-1})$이면, $x_n := x^*$. 그렇지 않으면

$$x_n := \begin{cases} x^*, & \text{확률} \quad \alpha \\ x_{n-1}, & \text{확률} \quad 1-\alpha \end{cases}$$

여기서 $\alpha := \pi(x^*)/\pi(x_{n-1}) < 1$.

[3] n을 1 증가시키고 이것이 정해진 크기 N보다 크게 되면 $x_1, \cdots, x_N$을 출력하고 알고리즘을 종료한다. 그렇지 않으면 단계 [1]로 돌아간다.

앞의 상태공간 S가 이산적으로 유한집합인 경우와 다른 점은 단계 [1] 뿐이다. 이 마르코프 연쇄는 임의보행으로 전 구간 $(-\infty, \infty)$을 커버한다.

예 3. 특이한 연속 분포

목표 분포가 $(-\infty, \infty)$에서 다음과 같이 제시되었다고 하자.

$$\pi(x) \propto e^{-x^2}(0.1 + 0.9\sin^2 x), \quad -\infty < x < \infty.$$

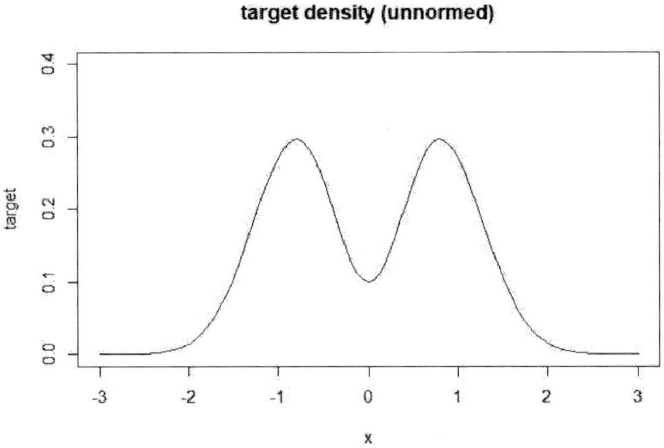

<그림 1> 연속형 목표함수

여기서 $\int_{-\infty}^{\infty} e^{-x^2}(0.1+0.9\sin^2 x)\,dx$ 가 제시되어 있지 않음을 주목하자. 수치적으로, 또는 몬테칼로로 계산할 수는 있겠으나 상당한 부담이다.

그런데 메트로폴리스 알고리즘은 확률분포가 표준화되어 있지 않더라도 작동한다. 왜냐하면

$$\pi(x) \propto \pi_0(x)$$

로만 제시되어도 알고리즘이 $\pi(x)$에 대해 요구하는 것은 $\pi(x^*)$와 $\pi(x_{n-1})$의 비(ratio)인 α 인데 이것은 $\pi_0(x^*)$와 $\pi_0(x_{n-1})$의 비와 같기 때문이다. 이 점이 메트로폴리스 알고리즘, 일반적으로 MCMC의 큰 장점이다. 비표준화된 밀도함수 $\pi_0(x)$를 앞으로 목표함수로 부르기로 하겠다.

다음이 목표함수 $\pi_0(x) = e^{-x^2}(0.1+0.9\sin^2 x)$로부터 마르코프 연쇄를 실현해내는 R 스크립트이다. 목표함수의 그래프는 <그림 1>에 있다.

```
# MCMC for continuous distribution
target <- function(x) exp(-x^2) * (.1+.9*sin(x)^2)
plot(target, -3,3,  main="target density (unnormed)")
```

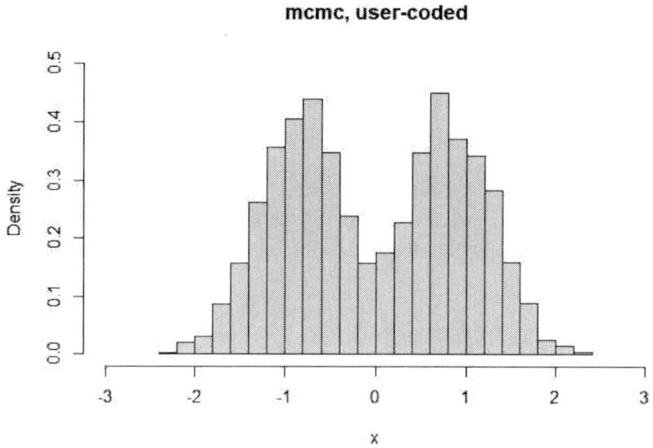

<그림 2> MCMC 표본의 히스토그램

```
N <- 10000; B <- 100
sigma <- 1
x <- rep(NA, N+B);  x[1] <- 0
for (n in 2:(N+B)) {
    x.0 <- x[n-1]
    x.1 <- x.0+rnorm(1,0,sigma)
    alpha <- min(1, target(x.1)/target(x.0))
    x[n] <- ifelse(runif(1) < alpha, x.1, x.0)
}
hist(x[(B+1):(B+N)], xlim=c(-3,3), ylim=c(0,0.5), xlab="x",
    freq=FALSE, nclass=20, main="mcmc, user-coded")
```

이 스크립트에서 x_n에 대한 제안 값 x^*는

$$x^* := x_{n-1} + z^*, \quad z^* \sim N(0, \sigma)$$

로 설정되었고 σ 파라미터는 1로 설정되었다. 그리고 불용처리 수 B는 100으로, 목표표본 크기 N은 10,000으로 설정되었다. 생성표본의 분포(히스토그램)는 <그림 2>에 있다. 다행스럽게도 <그림 1>과 <그림 2>가 모습이 유사하게 나나타났다 (단, y-축 척도는 다르다). 알고리즘이 제 역할을 해낸 것이다.

메트로폴리스 알고리즘에 따른 임의 표본이 목표분포 자체는 재현해내지만 계열상관(serial correlation)이 유발된다는 문제가 있긴 하다. 즉 x_n과 이것의 가까운 시차 항 x_{n-k}간 자기상관이 생긴다 $(k=1,2,3,\cdots)$. 이런 문제점을 회피하기 위해서 일정간격 $b\,(=10,20,\cdots)$만큼 띠운 수열 값을 떼어 활용하기도 한다. 즉, $x_b, x_{2b}, x_{3b}, \cdots$ 를 쓰는 것이다. 다른 대안은 임의순열화이다.

Python 스크립트:

```
# MCMC for continuous distribution
import numpy as np
import matplotlib.pyplot as plt

# Define the target distribution function
def target(x):
    return np.exp(-x**2) * (0.1+0.9 * np.sin(x)**2)

# Plot the target distribution
x_vals = np.linspace(-3, 3, 1000)
plt.plot(x_vals, target(x_vals))
plt.ylim(0, 0.4)
plt.title("Target Density (Unnormed)")
plt.show()

# MCMC Parameters
N = 10000  # Total iterations
B = 100    # Burn-in period
sigma = 1  # Standard deviation for proposal distribution

x = np.zeros(N+B)
x[0] = 0

# MCMC simulation
for n in range(1, N+B):
    x_0 = x[n-1]
    x_1 = x_0 + np.random.normal(0, sigma)
```

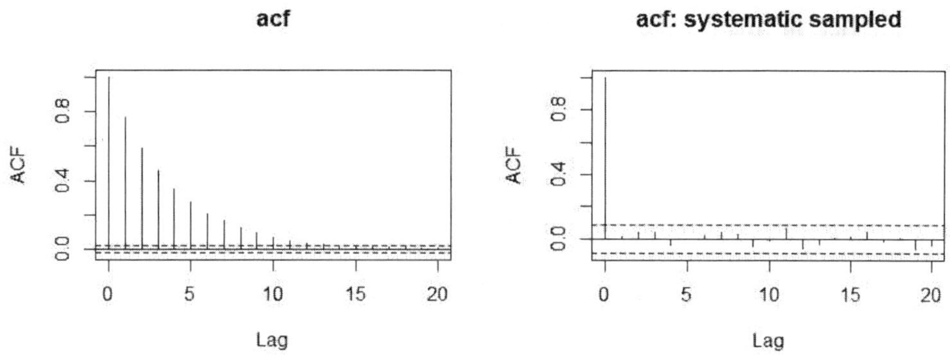

<그림 3> MCMC 표본의 자기상관함수

```
    alpha = min(1, target(x_1)/target(x_0))
    x[n] = x_1 if np.random.uniform() < alpha else x_0

# Histogram of the sampled data
plt.hist(x[B:], bins=20, range=(-3,3), density=True)
plt.xlim(-3, 3)
plt.ylim(0, 0.5)
plt.xlabel("x")
plt.title("MCMC, User-Coded")
plt.show()
```

다음 R 스크립트가 표본자료의 자기상관함수(autocorrelation)을 산출해낸다. <그림 3>이 출력 그래프이다.

```
par(mfrow=c(1,2))
acf(x[(B+1):(B+N)], lag.max=20, main="acf")
x.star <- x[seq(B+1,B+N,20)]
acf(x.star, lag.max=20, main="acf: systematic sampled")
```

시차 10의 자기상관이 거의 소멸되는 것으로 봐서 10 $(=b)$ 간격의 계통 추출을 활용할 것을 추천한다.

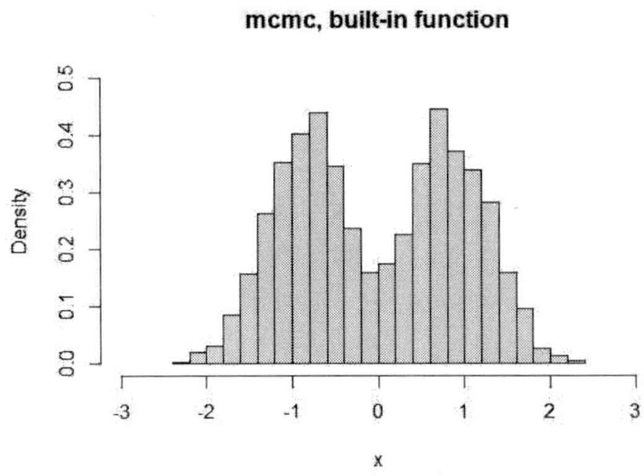

<그림 4> MCMC 표본의 히스토그램: 내장함수를 사용한 결과

R mcmc 라이브러리의 metrop() 함수가 메트로폴리스 알고리즘으로 MCMC 표본을 만들어준다. 이 내장함수는 목표함수의 로그를 target으로 지정해주어야 한다. 따라서 다음과 같이 코딩한다.

```
# using built-in functin metrop()
library(mcmc)
log.target <- function(x) log(target(x))
out <- metrop(log.target, initial=0, nbatch=10000, scale=1)
out$accept          # 0.63417
x <- out$batch
hist(x, xlim=c(-3,3), ylim=c(0,0.5), xlab="x", freq=FALSE,
     nclass=20, main="mcmc, built-in function")
```

위 스크립트에서 metrop()의 인수에서 log.target은 로그로 변환된 목표함수, initial은 초기 값, nbatch는 표본크기 N, scale은 $z^* \sim N(0,\sigma)$의 σ이다. <그림 4>가 몬테칼로 표본의 분포(히스토그램)을 보여준다.

metrop()의 출력 ouput에는 채택률 accept이 있는데 이것은 제안 값 x^*가 x_n으로 받아들여지는 비율을 말한다. 앞 스크립트의 실행에서는 accept가 0.63으로 나왔다. 채택율의 값으로 0.2 정도가 좋다고 한다 (그러나 절대적 기준은 아니다). 채택율이 높게 나타난 몬테칼로 표본은 전 영역에 대한 탐색이 미진했을 위험이 있다. `scale`을 키우면 채택율이 작아지는 경향이 있다. 앞 스크립트에서 `scale`을 2로 바꾸었더니 `accept`가 0.5 이하로 나왔다.

2-변량 표본의 생성

메트로폴리스 알고리즘은 2-변량 이상, 다변량의 표본을 생성하는 데 있어 강력한 도구가 된다. 확률밀도 $\pi(\boldsymbol{x})$, $\boldsymbol{x} \in R^2$를 정상분포로 갖는 임의표본을 생성해내는 태스크라면 앞 절의 연속형 일변량 표본을 생성해내는 알고리즘에서 x를 벡터 $\boldsymbol{x}$로만 대체하면 되는 정도이다. 이상에서 $\boldsymbol{x} := (x_1, x_2)^t$이다.

[0] $\boldsymbol{x}_0 = (0, 0)^t$, $n = 1$로 놓는다.

[1] 정규분포 $N(0, \sigma)$에서 z_1^*, z_2^*를 생성한다. 그리고 $\boldsymbol{x}^* := \boldsymbol{x}_{n-1} + \boldsymbol{z}^*$로 놓는다. 여기서 $\boldsymbol{z}^* = (z_1^*, z_2^*)^t$이다.

[2] $\pi(\boldsymbol{x}^*) \geqq \pi(\boldsymbol{x}_{n-1})$이면, $\boldsymbol{x}_n := \boldsymbol{x}^*$. 그렇지 않으면

$$\boldsymbol{x}_n := \begin{cases} \boldsymbol{x}^*, & \text{확률} \quad \alpha \\ \boldsymbol{x}_{n-1}, & \text{확률} \ 1-\alpha \end{cases},$$

여기서 $\alpha := \pi(\boldsymbol{x}^*) / \pi(\boldsymbol{x}_{n-1}) < 1$.

[3] n을 1 증가시키고 이것이 정해진 크기 N보다 크게 되면 $\boldsymbol{x}_1, \cdots, \boldsymbol{x}_N$을 출력하고 알고리즘을 종료한다. 그렇지 않으면 단계 [1]로 돌아간다.

예 4. 4개의 봉우리가 있는 2-변량 분포

여기서 미션은 다음 목표 함수에서 2-변량 표본을 생성해내는 것이다.

$$\pi_0(x, y) = e^{-x^4 - 5x^2 + y^4 - 5y^2}, \quad -\infty < x, y < \infty.$$

<그림 5>에서 $\pi_0(x, y)$의 전망도를 보라.

다음은 메트로폴리스 알고리즘의 R 코딩이다. $\sigma = 1$로 놓았다. N은 10,000.

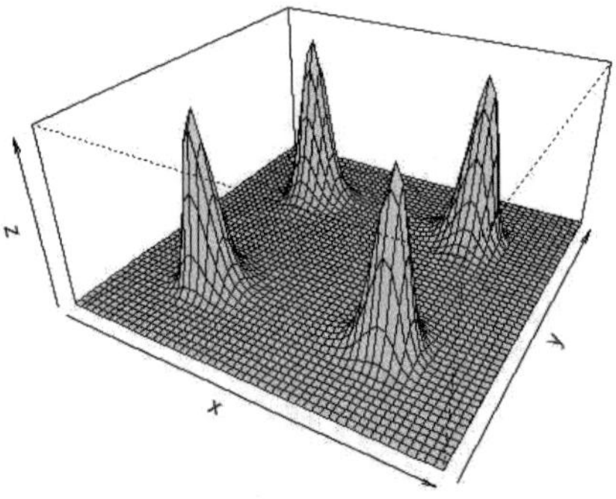

<그림 5> 4개의 봉우리를 가진 2-변량 분포

```
# bivariate case with complex normalizing constant
f <- function(x, y) exp(-(x^4 - 5*x^2 + y^4 - 5*y^2))
x <- seq(-3,3, length.out = 51)
y <- x
z <- outer(x, y, f)
persp(x, y, z, theta=30, phi=30, expand=0.5, col="lightblue")

# metropolis algorithm, using proposal from normal
N <- 10000;  B <- 100
xy <- matrix(0,N+100,2)
for (n in 2:(B+N)) {
  xy.0 <- xy[n-1,]
  xy.1 <- xy.0 + rnorm(2,0,1)
  alpha <- min(1, f(xy.1[1],xy.1[2])/f(xy.0[1],xy.0[2]))
  if(runif(1) < alpha) xy[n,] <- xy.1
      else xy[n,] <- xy.0
}
```

생성된 첫 $B=100$개 자료는 불용처리하였다. 2-변량 MCMC 표본의 분포(히스토그램)를 `gplots` 라이브러리의 `hist2d()` 함수로 그려보았다. <그림 6>에서 출력을 보라.

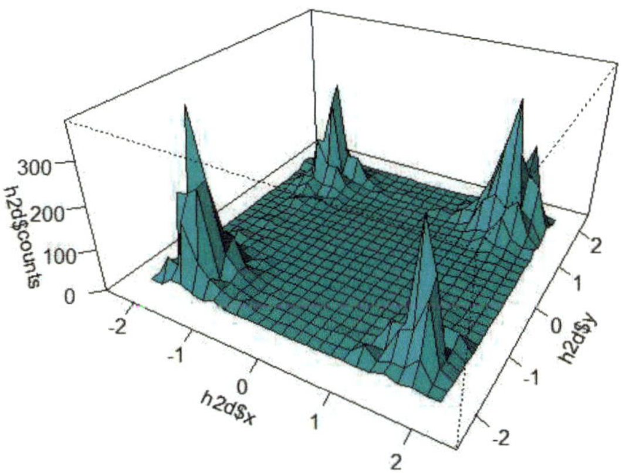

<그림 6> MCMC 2-변량 표본의 히스토그램

```
library(gplots)
h2d <- hist2d(x=xy[(B+1):(B+N),1],y=xy[(B+1):(B+N),2],nbins=c(25,25))
persp(h2d$x,h2d$y,h2d$counts,ticktype="detailed",
    theta=30,phi=30,expand=0.5,shade=0.5,col="cyan",ltheta=-30,
    xlim=c(-2.5,2.5), ylim=c(-2.5,2.5))
```

mcmc 라이브러리의 내장함수 `metrop()`를 활용하는 것도 한 방법이다. σ를 0.8로 놓은 결과 채택율 14%를 기록하였고 생성된 표본 자료에 대한 분포(히스토그램)는 <그림 6>과 유사하였다.

```
# using built-in function metrop()
library(mcmc)
log.target <- function(xy) -(xy[1]^4-5*xy[1]^2+xy[2]^4-5*xy[2]^2)
out <- metrop(log.target,initial=c(0,0),nbatch=10000,scale=0.8)
out$accept                    # 0.1424
xy <- out$batch

library(gplots)
h2d <- hist2d(x=xy[,1], y=xy[,2], nbins=c(25,25))
persp(h2d$x,h2d$y,h2d$counts,ticktype="detailed",
    theta=30,phi=30,
```

```
    expand=0.5,shade=0.5,col="cyan",ltheta=-30,
    xlim=c(-2.5,2.5), ylim=c(-2.5,2.5))
```

Python 스크립트:

```
# bivariate case with complex normalizing constant
import numpy as np
import matplotlib.pyplot as plt
from matplotlib.colors import LightSource
from scipy.stats import norm

# Define the target function
def f(x, y):
    return np.exp(-(x**4 - 5*x**2 + y**4 - 5*y**2))

# Plot the target function
x = np.linspace(-3, 3, 51)
y = x
X, Y = np.meshgrid(x, y)
Z = f(X, Y)
ls = LightSource(azdeg=30, altdeg=30)
rgb = ls.shade(Z, plt.cm.coolwarm)
fig = plt.figure()
ax = fig.add_subplot(111, projection='3d')
ax.plot_surface(X, Y, Z, facecolors=rgb, rstride=1, cstride=1)
plt.show()

# MCMC simulation
N = 10000
B = 100
xy = np.zeros((N+B, 2))
np.random.seed(1)

for n in range(1, B+N):
    xy_0 = xy[n-1]
    xy_1 = xy_0 + np.random.normal(0, 1, 2)
```

```
    alpha = min(1, f(xy_1[0], xy_1[1])/f(xy_0[0], xy_0[1]))
    if np.random.uniform() < alpha:
        xy[n] = xy_1
    else:
        xy[n] = xy_0

# Plotting the histogram
plt.figure(figsize=(6, 7))
plt.hist2d(xy[B:,0],xy[B:,1],bins=[25,25],
        range=[[-2.5,2.5],[-2.5,2.5]])
plt.colorbar()
plt.show()
```

로지스틱 회귀*

로지스틱 회귀는 이항형 반응 $Y(=0,1)$를 p개의 공변량 $x_1, \cdots, x_p$로 설명하는 통계적 모형이다:

$$\log_e \frac{P\{Y=1 \mid x_1, \cdots, x_p\}}{P\{Y=0 \mid x_1, \cdots, x_p\}} = \theta_0 + \theta_1 x_1 + \cdots + \theta_p x_p.$$

n개 개체에 대한 관측 표본을 얻었다고 하자: $(y_i, x_{i1}, \cdots, x_{ip}),\ i=1, \cdots, n$. 그러면 로그 가능도는 다음과 같이 표현될 수 있다.

$$l(\theta) = \sum_{i=1}^{n} y_i (x_i^t \theta - \log_e (1+e^{x_i^t \theta})) - \sum_{i=1}^{n} (1-y_i) \log_e (1+e^{x_i^t \theta}),$$

여기서 $\theta = (\theta_0, \theta_1, \cdots, \theta_p)^t$. 베이즈 패러다임에 따라 θ에 사전적으로 사전확률분포(prior distribution) $\pi(\theta)$를 전제하자. 여기서는 편의상 $\pi(\theta)$를 다음과 같이 각 변량의 중심이 0이고 표준편차가 s인 $(p+1)$-변량 정규분포로 한다:

$$\pi(\theta) \propto e^{-\theta^t \theta / (2s^2)}.$$

따라서 θ에 대한 로그 사후분포(posterior distribution)은

$$\pi(\theta \mid X, y) = \sum_{i=1}^{n} y_i \left(x_i^t \theta - \log_e (1 + e^{x_i^t \theta}) \right) - \sum_{i=1}^{n} (1 - y_i) \log_e (1 + e^{x_i^t \theta}) - \theta^t \theta / (2 s^2)$$

로 표현된다. 목표는 메트로폴리스 알고리즘으로 θ에 대한 로그 사후분포를 따르는 크기 N의 표본을 만드는 것이다.

수치 예로서 MASS 라이브러리의 Pima.tr 데이터에 로지스틱 회귀모형을 적합하기로 하고 회귀계수들에 대한 베이즈 추론을 해보기로 한다. 이 자료는 Pima 인디언들의 당뇨병 여부에 관한 것으로 반응변수는 type (=y)이고 "Yes"(질병) 또는 "No"(건강)이다. 설명변수는 표준화된 npreg, glu, bmi, ped, age 등을 고려하고 특별한 관심을 npreg(임신 횟수) β_1에 두기로 한다.

다음은 R mcmc 라이브러리의 `metrop()` 함수를 활용한 MCMC 코딩이다. 사전분포의 산포 s는 1로 하였고 임의 보행에서 변위 z^*는 $N(0, 0.25)$ 분포에서 생성하였다 (즉 $\sigma = 0.25$).

```
# MCMC for logistic regression
library(MASS)
data(Pima.tr)
str(Pima.tr)
n <- nrow(Pima.tr)
X <- cbind(const=rep(1,n),scale(Pima.tr[,c(1,2,5,7)]))
y <- ifelse(Pima.tr$type=="Yes",1,0)

log.lik <- function(theta) {
  log.p <- X%*%theta -log(1+exp(X%*%theta))
  log.q <- -log(1+exp(X%*%theta))
  return(sum(y*log.p + (1-y)*log.q))
}
log.prior <- function(theta) {
  return(-0.5*sum(theta^2)/s^2)
}
log.posterior <- function(theta) {
  log.lik(theta) + log.prior(theta)
}
```

```
# mcmc::metrop
library(mcmc)
s <- 1
out <- metrop(log.posterior, initial=rep(0,ncol(X)),
       nbatch=10000, scale=0.25)
out$accept          # 0.1928
str(out$batch)
## num [1:10000, 1:5] -0.157 -0.362 -0.362 -0.362 -0.362 ...
```

채택율(acceptance rate)이 19%로 나타났으니 적절한 편이다. metrop() 함수의 인수 scale을 0.25보다 크게 잡으면 채택율이 이보다 작게 될 것이다. 이 함수의 주 출력은 $N\times(p+1)$ 행렬 out$batch이다. 요약하면 다음과 같다.

```
estimate <- apply(out$batch, 2, mean)
std.error <- apply(out$batch, 2, sd)
bayes.model <- data.frame(cbind(estimate, std.error),
       row.names=colnames(X))
round(bayes.model, 4)
##        estimate std.error
## const  -0.9182    0.1894
## npreg   0.2898    0.2011
## glu     0.9894    0.2058
## bmi     0.5585    0.2038
## age     0.3952    0.2157
```

<그림 7>의 히스토그램이 4개 공변량 중에서 첫 번째 공변량인 npreg에 대한 사후분포를 보여준다 (평균 0.2898, 표준편차 0.2011).

```
hist(out$batch[,2], xlab="npreg", freq=FALSE, main="mcmc: logist...")
```

R에서 로지스틱 회귀 모형의 베이즈 분석을 간편하게 하는 방법은 MCMCpack 라이브러리의 MCMClogit() 함수를 쓰는 것이다. 로그 가능도를 지정할 필요가 없다. 다음 R 스크립트에서 초기점이 0(=b0)으로 잡혔고 사전분포에서 각 변량의 표준편차는 1(=B0)로 지정되었으나 나머지는 자동으로 처리되었다.

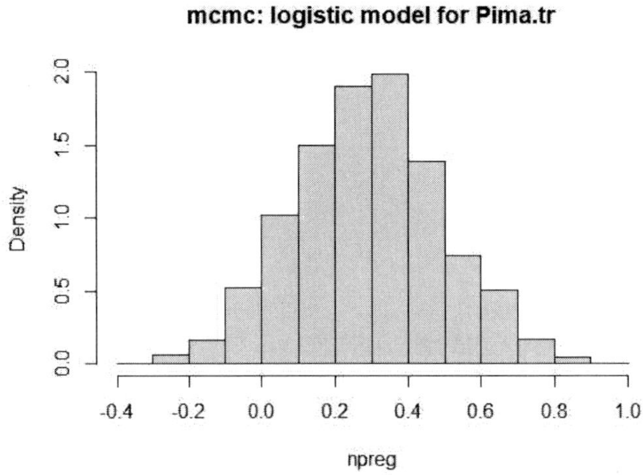

<그림 7> npreg의 사후분포

```
# MCMCpack built-ins, multivariate normal prior
library(MCMCpack)
posterior <- MCMClogit(y ~ npreg + glu + bmi + age, b0=0, B0=1,
        data=data.frame(X))
summary(posterior)
```

```
## Iterations = 1001:11000
## Thinning interval = 1
## Number of chains = 1
## Sample size per chain = 10000

## 1. Empirical mean and standard deviation for each variable,
##    plus standard error of the mean:
##                Mean     SD Naive SE Time-series SE
## (Intercept) -0.9031 0.1955 0.001955       0.008300
## npreg        0.2805 0.2043 0.002043       0.008202
## glu          0.9828 0.1993 0.001993       0.008060
## bmi          0.5798 0.2041 0.002041       0.008642
## age          0.4088 0.2181 0.002181       0.008442
```

연습문제

1. 상태공간 $\{1, 2, 3, 4\}$에서 정상분포 $(0.1875, 0.3125, 0.3125, 0.1875)$를 확보하기 위해서 메트로폴리스 알고리즘을 쓰는 것은 마르코프 연쇄에 어떤 전이행렬 P를 적용하는 것과 같은가?

2. $N(4,1)$분포와 $N(7,1)$분포의 6:4 혼합분포로부터 MCMC 표본을 만들어라.

3. R mosaic 패키지의 SAT 자료에서 sat($= y$)가 종속변수이고 salary와 frac이 예측변수인 선형회귀 모형에 대한 베이즈 분석을 R의 `MCMCpack` 라이브러리의 `MCMCregress` 함수를 써서 하라.

   * 회귀계수의 초기값을 $c(\bar{y}, 0, 0)$로 할 것. 그리고 오차항 분산 σ^2에 대하여는 그 역수가 감마분포 $(\alpha = 1, \beta = v_0)$를 따른다고 할 것, 여기서 v_0은 종속변수 y의 분산.

소프트웨어 정보

MCMC 계산을 선분석으로 제공하는 오픈소스의 소프트웨어가 다수 있고 이들은 R과 인터페이스가 된다.

- WinBUGS
  https://www.mrc-bsu.cam.ac.uk/software/bugs/the-bugs-project-winbugs/

- JAGS
  https://mcmc-jags.sourceforge.io/

- Stan
  https://mc-stan.org/

10장. 재표집 방법

재표집(resampling, 재표본추출) 방법은 표본에서 표본을 추출하여 통계적 추론에 활용한다. 임의화 검정과 붓스트랩 신뢰구간이 대표적이다.

임의화 검정(randomization test) 1: 두 독립 표본의 비교

표본 A와 표본 B가 독립적으로 각각의 모분포 F와 G로부터 추출되었다고 하자.

A: $x_1, \cdots, x_m$ (평균 $\overline{x}$),

B: $y_1, \cdots, y_n$ (평균 $\overline{y}$).

F보다 G가 큰 값을 생성해내는지, 그렇다고 볼 수 없는지를 검정하기로 하자:

$$H_0: F(u) = G(u), \text{ for all } u, \quad \text{vs.} \quad H_1: F(u) > G(u), \text{ for all } u,$$

여기서 $F(u) = P\{X \leq u\}$, $G(u) = P\{Y \leq u\}$, 즉 X와 Y의 분포함수이다.

영가설 H_0하에서는 두 모집단이 동일하므로 표본 A와 표본 B를 굳이 구분할 필요가 없다. 따라서 관측된 평균의 차이 $t := \overline{y} - \overline{x}$는 우연한 차이에 불과하다.

따라서 영가설 H_0하에서 '우연한 차이' t^*의 분포를 생성해 낼 수 있다.

1) A 표본과 B 표본의 pool $\{x_1, \cdots, x_m, y_1, \cdots, y_n\}$에서 임의로 m개를 비복원 추출(sampling without replacement)하여 A 표본 $\{x_1^*, \cdots, x_m^*\}$으로, 나머지 n개를 B 표본 $\{y_1^*, \cdots, y_n^*\}$으로 간주한다.

2) $\{x_1^*, \cdots, x_m^*\}$으로부터 평균 $\overline{x}^*$를, $\{y_1^*, \cdots, y_n^*\}$으로부터 평균 $\overline{y}^*$를 산출하고 그 차이를 t^*로 표기한다: $t^* := \overline{y}^* - \overline{x}^*$.

3) 앞의 두 단계를 $N(=1000)$번 반복하여 $t^* \geq t$의 빈도를 기록한다.

이 가설 검정에서 p-값은 $\#(t^* \geq t)/N$이다. 수치 예를 보자. 자료는 약 A와 약 B의 혈액응고 시간이다.

약 A: 8.8 8.4 7.9 8.7 9.1 9.6 [평균 8.75]

약 B: 9.9 9.0 11.1 9.6 8.7 10.4 9.5 [평균 9.74]

표본에서는 A보다 B가 크다. 모분포에서도 그렇다고 할 수 있을까? 즉,

H_0 : A와 B가 같다. vs H_1 : A보다 B가 크다.

임의화 검정에 의한 p-값을 산출하기 위하여 다음 R 스크립트가 작성되었다 (파일 명: resampling_two-sample.r).

```
# Comparison of two drugs A and B, randomization test
x <- c(8.8, 8.4, 7.9,  8.7, 9.1, 9.6)
y <- c(9.9, 9.0, 11.1, 9.6, 8.7, 10.4, 9.5)
z <- c(x, y)
t <- mean(y) - mean(x); t

N <- 1000
m <- length(x)
n <- length(y)
temp <- 0
for (k in 1:N) {
   z.star <- sample(z)
   x.star <- z.star[1:m]
   y.star <- z.star[(m+1):(m+n)]
   t.star <- mean(y.star) - mean(x.star)
   temp <- temp + ifelse(t.star >= t, 1, 0)
}
p.value <- temp/N
p.value   # 0.012
```

p-값이 0.012로 출력되었다. 유의수준 5%에서 H_1이 지지된다고 볼 수 있다.

붓스트랩 신뢰구간(Bootstrap confidence interval) 1: 두 독립표본의 비교

A와 B의 평균 간 차이 $\mu_B - \mu_A$에 대한 95% 신뢰구간을 다음과 같이 구해보자.

1) A 표본 $\{x_1, \cdots, x_m\}$에서 m개를 복원추출(sampling with replacement) 한다: $\{x_1^*, \cdots, x_m^*\}$. 마찬가지로 B 표본 $y_1, \cdots, y_n$에서 n개를 복원추출 한다: $\{y_1^*, \cdots, y_n^*\}$.
2) $\{x_1^*, \cdots, x_m^*\}$으로부터 평균 $\overline{x}^*$를, $\{y_1^*, \cdots, y_n^*\}$으로부터 평균 $\overline{y}^*$를 산출하고 그 차이를 t^*로 표기한다: $t^* := \overline{y}^* - \overline{x}^*$.
3) 앞의 두 단계를 $N(=1000)$번 반복하여 t^*의 분포(히스토그램)을 만들어낸다. 이 분포를 붓스트랩 분포라고 한다. 붓스트랩 분포의 $(0.025, 0.975)$ 분위수를 산출한다: $(q_{0.025}, q_{0.975})$. 이것이 $\mu_B - \mu_A$에 대한 95% 신뢰구간이다.

A와 B의 평균 간 차이에 대한 붓스트랩 신뢰구간을 산출하기 위한 R 스크립트:

```
# Bootstrap confidence interval of the difference
N <- 1000
t.star <- rep(0,N)
for (k in 1.N) {
  x.star <- sample(x, m, replace=TRUE)
  y.star <- sample(y, n, replace=TRUE)
  t.star[k] <- mean(y.star) - mean(x.star)
}
hist(t.star, main="Bootstrap distribution of the difference")
conf <- quantile(t.star, prob=c(0.025,0.975))
conf
text(conf[1],0,"|",col="red",cex=2)
text(conf[2],0,"|",col="red",cex=2)
```

<그림 1>이 t^*의 분포, 즉 평균차이에 대한 붓스트랩 분포이고 이로부터 산출된 95% 신뢰구간은 $(0.310, 1.693)$이다. <그림 1>에서 적색 짧은 띠 표시가 신뢰구간의 양 끝이다.

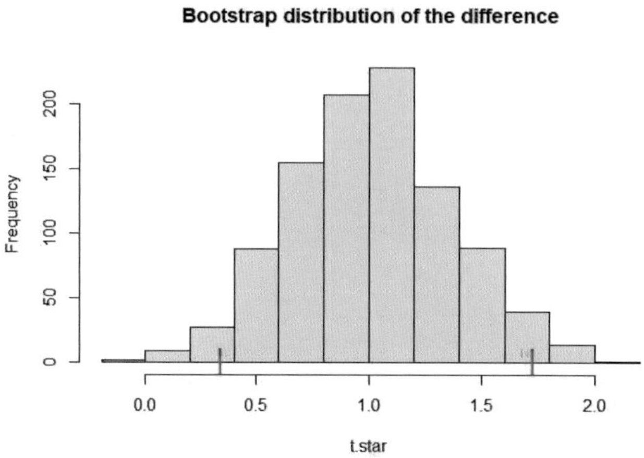

<그림 1> 두 표본의 차이에 대한 붓스트랩 분포

임의화 검정(randomization test) **2**: 상관계수

가설검정의 한 방법인 임의화 검정은 많은 횟수의 재표집(resampling)을 통하여 p-값을 산출하므로 계산량이 많지만 논리적으로는 간단하다. 검정통계량의 영분포(null distribution)가 수학적 방법이 아닌 계산적 방법으로 유도되기 때문이다.

상관계수 ρ에 대한 가설검정을 해보기로 한다. 연구자는 아동 20명을 대상으로 두 변수,

X: 첫 단어를 말한 나이(월), Y: 게셀(Gessel) 적응력 점수

를 측정하였다. 여기서 연구자의 목표는 "말을 늦게 시작한 아동일수록 적응력이 떨어진다고 할 수 있는가?"를 입증하는 데 있다. 즉, ρ를 모집단에서 X와 Y 간 상관이라고 할 때, 영가설과 대안가설을 각각 다음과 같이 둔다.

$$H_0 : \rho = 0 \quad \text{vs.} \quad H_1 : \rho < 0 . \tag{1}$$

관측 표본을 $(x_1, y_1), (x_2, y_2), \cdots, (x_n, y_n)$으로, 이 표본에서 산출한 상관계수를 r로 표기하자. 즉, $r = \text{cor}(X, Y)$.

관측 자료는 다음과 같다.

x = (15, 26, 10, 9, 15, ⋯ ,10, 12, 17, 11, 10),

y = (95, 71, 83, 91,102, ⋯ ,100,105,121,86,100).

이 자료에서 n은 20이고 r은 -0.335이다.

영가설 H_0는 변수 X와 변수 Y가 아무 연관성을 갖지 않음을 의미하므로, H_0 하에서는 $(x_1, y_1^*), (x_2, y_2^*), \cdots, (x_n, y_n^*)$ 도 관측 자료와 같은 확률로 발생할 수 있었을 것이다 (여기서 $y_1^*, y_2^*, \cdots, y_n^*$는 $y_1, y_2, \cdots, y_n$의 한 순열이다).

$(x_1, y_1^*), (x_2, y_2^*), \cdots, (x_n, y_n^*)$는 $(x_1, y_1), (x_2, y_2), \cdots, (x_n, y_n)$으로부터 임의적으로 얻어질 수 있다. 이런 표본을 재표본(re-sample)이라고 한다. 재표본에서 산출한 상관계수를 r^*로 표기하자. 즉, $r^* = \text{cor}(X, Y^*)$.

$N(=1000)$개의 재표본 각각에서 상관계수 r^*를 산출하여 그것으로 분포(히스토그램)를 만들면 어떤 모습일까? 그 분포에서 $r(=-0.335)$은 어디에 위치하고 있나? 이것이 母상관계수 ρ에 대한 임의화 검정에서 핵심이다. $N(=1000)$개의 r^* 중에서 r보다 작은 것들의 비율이 7.6%로 나타났는데[1] 이것이 가설검정 (1)의 p-값이다. 따라서 아직은 음의 상관성을 인정받기 어렵다 (유의수준 5%).

다음은 이제까지의 임의화 검정에 활용된 R 스크립트이다 (resampling_corr.r).

```
x <- c(15,26,10,9,15,20,18,11,8,20,7,9,10,11,11,10,12,
        17,11,10)
y <- c(95,71,83,91,102,87,93,100,104,94,
        113,96,83,84,102,100,105,121,86,100)
r <- cor(x,y)
r
N <- 1000
count <- 0
```

1) 임의성 검정은 몬테칼로 방법을 쓰므로 p-값은 실행 시마다 다소 달라질 수 있다.

```
for(k in 1:N){
    y.star <- sample(y)
    r.star <- cor(x,y.star)
    if(r.star <= r) count <- count+1
}
p.value <- count/N
p.value
```

* R의 sample 함수는 주어진 자료 벡터(크기 n)에서 크기 n1의 표본을 비복원추출(default) 또는 복원추출을 한다.

```
> sample(x=1:100,size=10)     # 1, … ,100에서 10개를 비복원추출.
> sample(x=1:100,size=100)    # 1, … ,100의 임의순열을 산출.
```

Python 스크립트:

```
# randomization test for correlation coefficient
import numpy as np
from scipy.stats import permutation_test
from scipy.stats import pearsonr

x = np.array([15, 26, 10, 9, 15, 20, 18, 11, 8, 20,
              7, 9, 10, 11, 11, 10, 12, 17, 11, 10])
y = np.array([95, 71, 83, 91, 102, 87, 93, 100, 104, 94,
              113, 96, 83, 84, 102, 100, 105, 121, 86, 100])
def corr(x, y):
    return pearsonr(x, y)[0]

res = permutation_test((x, y), corr, alternative="less",
      vectorized=False, n_resamples=1000)
print(res.statistic)
## -0.33490734097206265
print(res.pvalue)
## 0.06893106893106893
```

붓스트랩 신뢰구간(Bootstrap confidence interval) **2**: 상관계수

Efron(1979)의 붓스트랩도 임의화 검정처럼 재표집(재표본추출)을 활용한다. 그런데 방식에서 차이가 있다. 여기서는 붓스트랩 이론을 일반적으로 설명하는 대신, 상관계수 ρ에 대한 신뢰구간을 붓스트랩 방법으로 어떻게 구하는가를 설명할 것이다. 예제 자료는 앞의 것을 쓰기로 한다 (아동 20명에서 측정한 이변량 자료).

붓스트랩에서는 관측표본 $(x_1, y_1), (x_2, y_2), \cdots, (x_n, y_n)$에서 n개 관측을 복원추출(sampling with replacement)하여 재표본(re-sample)을 확보한다. 그것을

$$(x_1^*, y_1^*), (x_2^*, y_2^*), \cdots, (x_n^*, y_n^*) \tag{2}$$

로 표기하자. 재표본 (2)에는 같은 관측이 2회 이상 중복되어 있을 수 있고 일부 관측은 누락되어 있을 수 있다.

재표본 (2)에서 산출한 상관계수를 r^*로 표기하자. 즉, $r^* = \mathrm{cor}(X^*, Y^*)$.

재표본 추출을 $N(=1000)$회 반복하고 재표본 각각에서 상관계수 r^*를 산출하여 그것의 분포(히스토그램)를 살펴보자. <그림 2>를 보라.

붓스트랩 분포는 상관계수 r의 표본추출분포(sampling distribution)를 근사해낸다. 따라서 붓스트랩 분포의 상하위 2.5% 분위수에서 ρ의 95% 신뢰구간이 나온다. 즉, 신뢰계수 95%의 붓스트랩 신뢰구간은 다음과 같다.

$$\rho \in (r_{0.025}^*, r_{0.975}^*),$$

여기서 $r_{0.025}^*$와 $r_{0.975}^*$는 붓스트랩 재표본 상관계수 r^*의 분포에서 2.5% 분위수와 97.5% 분위수이다.

20명 아동들의 첫 단어를 말한 나이와 게셀(Gessel) 적응력 점수 간 상관계수 사례에서 재표본 상관계수 r^*의 상하위 2.5% 분위수가 -0.753과 0.306으로 산출되었고 <그림 2>에 적색 짧은 띠로 표시되어 있다. 즉, 모상관계수 ρ에 대한 95% 신뢰구간은 $(-0.753, 0.306)$이다.

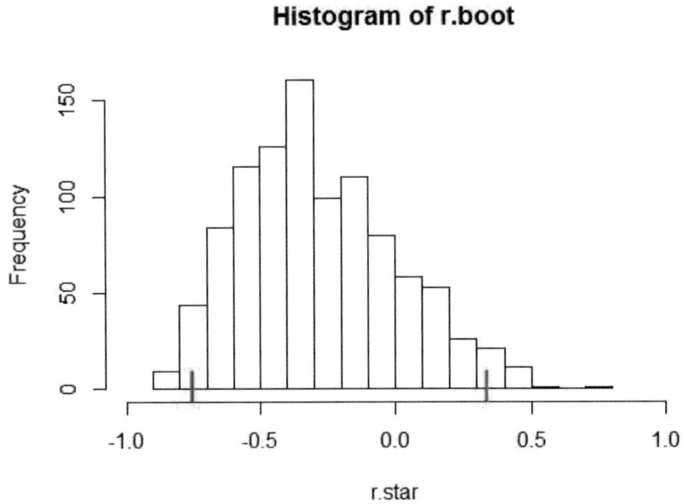

<그림 2> 재표본 상관계수 r^*의 붓스트랩 분포(히스토그램)

다음은 이제까지의 붓스트랩 신뢰구간에 활용된 R 스트립트이나 (resampling_corr.r).

```
x <- c(15,26,10,9,15,20,18,11,8,20,7,9,10,11,11,10,
        12,17,11,10)
y <- c(95,71,83,91,102,87,93,100,104,94,
        113,96,83,84,102,100,105,121,86,100)
r <- cor(x,y)
r
N <- 1000
r.random <- rep(0,N)
n <- length(x)
r.boot <- rep(0,N)

for (k in 1:N){
   obs.star <- sample(1:n,replace=T)
   x.star <- x[obs.star]
   y.star <- y[obs.star]
```

```
    r.star <- cor(x.star,y.star)
    r.boot[k] <- r.star
}
hist(r.boot,xlim=c(-1,1),nclass=20,xlab="r.star")
conf.1 <- quantile(r.boot, p=0.025)
conf.2 <- quantile(r.boot, p=0.975)
text(conf.1,0,"|",col="red",cex=2)
text(conf.2,0,"|",col="red",cex=2)
round(c(conf.1,conf.2),3)
```

참고. 붓스트랩 방법을 위한 R의 전문 팩키지인 bootstrap의 bcanon 함수는 가속편향수정(accelerated bias-corrected) 신뢰구간을 제공한다.[2] 다음 스크립트를 덧붙이면 된다 (resampling_corr_1.r).

```
library(bootstrap)
xy.data <- matrix(c(x,y),ncol=2)
n <- length(x)
theta <- function(obs,xy.data)
                    cor(xy.data[obs,1],xy.data[obs,2])
bcanon(1:n,1000,theta,xy.data)
```

그 결과로 얻는 ρ에 대한 95% 신뢰구간은 $(-0.784, 0.211)$이다.

Python 스크립트:

```
# bootstrap confidence interval for correlation
import numpy as np
from scipy.stats import bootstrap
from scipy.stats import pearsonr

x = np.array([15, 26, 10, 9, 15, 20, 18, 11, 8, 20,
              7, 9, 10, 11, 11, 10, 12, 17, 11, 10])
```

2) 이 방법은 앞의 기본적인 붓스트랩 신뢰구간이 갖는 다소의 편향(bias)을 바로 잡는다.

```
y = np.array([95, 71, 83, 91, 102, 87, 93, 100, 104, 94,
              113, 96, 83, 84, 102, 100, 105, 121, 86, 100])
print(pearsonr(x, y)[0])
## -0.33490734097206265
def corr(x, y):
    return pearsonr(x, y)[0]
res = bootstrap((x, y), corr, vectorized=False,
      paired=True, n_resamples=1000)
print(res.confidence_interval)
## ConfidenceInterval(low=-0.783665, high=0.240293)
```

임의화 검정(randomization test) 3: 2원 교차표

처리(treat)의 2개 수준 “1: control”과 “2: alternative”를 비교하는 실험에서 결과(outcome)가 “1: fail” 또는 “2: pass”로 측정되어, 분석 자료가 다음과 같은 2원 교차표로 나왔다고 하자.

	outcome		
treat	1	2	합
1	83	27	110
2	23	13	36
합	106	40	146

treat의 수준 2가 수준 1에 비해 pass 비율이 높다고 할 수 있는가, 아닌가?

이를 위한 임의화 검정은 다음과 같이 구성된다.

[1] 1의 값을 110번, 2의 값을 36번 갖는 146×1 벡터를 treat로 정의한다. 그리고 1의 값을 106번, 2의 값을 40번 갖는 146×1 벡터로 outcome을 구성하여, treat와 outcome의 교차분류가 위의 2원 표가 되도록 한다:

```
treat <- c(rep(1,83),rep(1,27),rep(2,23),rep(2,13))
outcome <- c(rep(1,83),rep(2,27),rep(1,23),rep(2,13))
```

[2] outcome을 임의순열화하여 outcome*를 만든다. 임의순열 outcome*는 treat와 outcome이 아무 연관성을 갖지 않는다는 영가설 하에서는 outcome과 같은 확률로 발생할 수 있다.

[3] treat와 outcome*를 교차분류하여 2원 표를 만든다. 그 표에서 (2,2) 칸의 빈도를 C_{22}하고 하자.

[4] 단계 2와 단계 3을 $N(=1000)$번 반복하면서 $C_{22} \geq 13$의 빈도를 센다. 그 상대적 빈도가 p-값이다.

예제 자료에 이 방법을 적용한 결과 p-값이 12.3%로 나왔다 ($N=1000$). 이를 위한 R 스크립트는 다음과 같다 (resampling_crosstab.r).

```
treat <- c(rep(1,83),rep(1,27),rep(2,23),rep(2,13))
outcome <- c(rep(1,83),rep(2,27),rep(1,23),rep(2,13))
addmargins(table(treat,outcome))
row <- apply(table(treat,outcome),1,sum)
round(diag(1/row) %*% table(treat,outcome)*100,1)
chisq.test(table(treat,outcome))

N <- 1000
count <- 0
for (k in 1:N){
   outcome.star <- sample(outcome)
   cell22 <- table(treat,outcome.star)[2,2]
   if (cell22 >= 13) count <- count+1
}
p.value <- count/N
p.value
```

Python 스크립트:

```
# randomization test for two-way crosstab
import numpy as np
from scipy.stats import permutation_test

# Define the data
treat = np.concatenate((np.repeat(1,83),np.repeat(1,27),
      np.repeat(2, 23),np.repeat(2, 13)))
outcome = np.concatenate((np.repeat(1,83),np.repeat(2,27),
      np.repeat(1,23),np.repeat(2,13)))
xy_data = np.column_stack((treat, outcome))

# Define the statistic function (log of odds ratio)
def cell(x,y):
    xy_data = np.column_stack((x,y))
    T = np.zeros((2, 2))
    for i in range(len(xy_data)):
        row = xy_data[i]
        T[int(row[0])-1, int(row[1])-1] += 1
    return T[1,1]

# Perform randomization test
res = permutation_test((treat,outcome), cell,
    alternative="greater", vectorized=False,
    n_resamples=1000)
print(res.statistic, res.pvalue)
## 13.0    0.11288711288711288
```

붓스트랩 신뢰구간(Bootstrap confidence interval) 3: 2원 교차표

앞의 2×2 교차표를 $F = \{ f_{ij} \}$로 표기하자. 행과 열 간 연관성을 나타내는 대표적 지표는

$$\hat{\psi} = \frac{f_{22}/f_{21}}{f_{12}/f_{11}}$$

이다. 이것은 관측표본에서 treat=2에서의 pass 대 fail의 오즈를 treat=1에서의 pass 대 fail의 오즈에 비교한 오즈 비(odds ratio)이다. 예제 자료에서 이것은

$$\hat{\psi} = \frac{13/23}{27/83} = 1.74$$

이다. 그런데 $\hat{\psi}$ 보다는 이것의 로그인 $\log_e \hat{\psi}$, 즉 로그 오즈 비(log odds ratio)를 쓰기로 하자. treat의 2개 수준 간 차이가 없다면 $\hat{\psi}$는 1 근처의 값을 취할 것이므로 $\log_e \hat{\psi}$는 0에 가깝게 된다.

모집단의 로그 오즈 비인 $\log_e \psi$에 대한 95% 신뢰구간을 구해보자.[3] 이를 위해 붓스트랩 방법을 다음과 같이 구성할 수 있다.

[1] 관측표본 $(x_1, y_1), (x_2, y_2), \cdots, (x_n, y_n)$에서 n개 관측을 복원추출(sampling with replacement)하여 재표본(re-sample) $(x_1^*, y_1^*), (x_2^*, y_2^*), \cdots, (x_n^*, y_n^*)$를 확보하고 2원 교차표를 구성한다.

[2] 재표본의 2원 교차표에서 로그 오즈 비 $\log_e \hat{\psi}^*$를 산출한다.

[3] 앞의 두 단계 2를 $N(=1000)$회 반복하고 재표본 각각에서 로그 오즈 비를 산출하여 $\log_e \hat{\psi}^*$의 분포(히스토그램)를 구성한다. 이것이 $\log_e \hat{\psi}$의 붓스트랩 분포이다.

[4] $\log_e \hat{\psi}$의 붓스트랩 분포에서 상하위 2.5% 분위수를 구한다. 이것이 $\log_e \psi$에 대한 95% 신뢰구간이다.

---

3) ψ는 표본크기가 무한히 큰 교차표에서 treat=2에서의 pass 대 fail의 오즈를 treat=1에서의 pass 대 fail의 오즈에 상대화한 비(ratio)이고 $\log_e \psi$는 ψ의 로그이다.

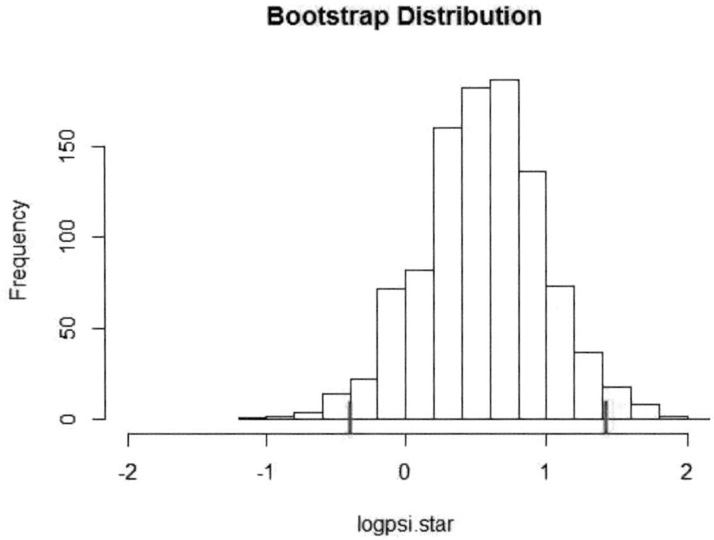

<그림 3> 2원 교차표에서 $\log_e \hat{\psi}^*$ 의 붓스트랩 분포

앞의 예제 자료에 이 알고리즘을 적용한 결과 $\log_e \psi$에 대한 95% 신뢰구간으로 $(-0.39, 1.43)$이 산출되었다. <그림 3>을 보라.

이를 위한 R 스크립트는 다음과 같다 (resampling_crosstab.r).

```
N <- 1000
logpsi.boot <- rep(0,N)
n <- length(treat)
T <- table(treat,outcome)
logpsi <- log((T[2,2]*T[1,1])/(T[1,2]*T[2,1]))
round(logpsi,2)

for (k in 1:N){
   obs.star <- sample(1:n,replace=TRUE)
   treat.star <- treat[obs.star]
```

```
    outcome.star <- outcome[obs.star]
    T <- table(treat.star,outcome.star)
    log.psi <- log((T[2,2]*T[1,1])/(T[1,2]*T[2,1]))
    logpsi.boot[k] <- log.psi
}
hist(logpsi.boot,nclass=20,xlab="logpsi.star",
     xlim=c(-2,2),main="Bootstrap Distribution")
conf.1 <- quantile(logpsi.boot, p=0.025)
conf.2 <- quantile(logpsi.boot, p=0.975)
round(c(conf.1,conf.2),2)
text(conf.1,0,"|",col="red",cex=2)
text(conf.2,0,"|",col="red",cex=2)
```

참고. R bootstrap 팩키지의 bcanon 함수를 써서 신뢰구간을 산출한 결과 신뢰 수준 95%에서 $(-0.39, 1.37)$을 얻었다 (이것은 몬테칼로 결과이므로 실행 시 마다 값이 달라진다). 사용된 R 스크립트는 다음과 같다 (resampling_crosstab_1.r).

```
library(bootstrap)
x <- treat
y <- outcome
theta <- function(obs,xy.data) {
   T <- table(xy.data[obs,1],xy.data[obs,2])
    log.psi <- log((T[2,2]*T[1,1])/(T[1,2]*T[2,1]))
    return(log.psi)
}
xy.data <- matrix(c(x,y),ncol=2)
n <- length(x)
bcanon(1:n,1000,theta,xy.data)
```

Python 스크립트:

```
# bootstrap confidence interval for two-way crosstab
import numpy as np
from scipy.stats import bootstrap

# Define the data
treat = np.concatenate((np.repeat(1,83),np.repeat(1,27),
      np.repeat(2, 23),np.repeat(2, 13)))
outcome = np.concatenate((np.repeat(1,83),np.repeat(2,27),
      np.repeat(1,23),np.repeat(2,13)))
xy_data = np.column_stack((treat, outcome))

# Define the statistic function (log of odds ratio)
def logpsi(x,y):
    xy_data = np.column_stack((x,y))
    T = np.zeros((2, 2))
    for i in range(len(xy_data)):
        row = xy_data[i]
        T[int(row[0]) - 1, int(row[1]) - 1] += 1
    log_psi = np.log((T[1,1]*T[0,0])/(T[0,1]*T[1,0]))
    return log_psi

print(logpsi(treat,outcome))
## 0.5524588833246559

# Perform bootstrap analysis
res = bootstrap((treat,outcome), logpsi, vectorized=False,
      paired=True, n_resamples=1000)

print(res.confidence_interval)
## ConfidenceInterval(low=-0.301957, high=1.397095)
```

임의화 검정(randomization test) 4: 로지스틱 회귀

이항형 반응 $Y(=0,1)$에 대한 회귀모형으로

$$\log_e \frac{P\{Y=1 \mid x_1, \cdots, x_p\}}{P\{Y=0 \mid x_1, \cdots, x_p\}} = \beta_0 + \beta_1 x_1 + \cdots + \beta_p x_p \qquad (1)$$

을 생각하기로 하자. 이 때, 설명변수 X_1이 $P\{Y=1 \mid x_1, \cdots, x_p\}$을 높이는 데 기여를 하는지를 검토하기 위하여 다음과 같이 영가설과 대안가설을 놓는다.

$$H_0 : \beta_1 = 0 \quad \text{vs.} \quad H_1 : \beta_1 > 0 . \qquad (2)$$

n개 개체에 대한 관측이 완료되었음을 전제하자:

$$(y_i, x_{i1}, \cdots, x_{ip}),\ i = 1, \cdots, n .$$

이제 일반화선형모형을 적합하여 $\hat{\beta}_1, \cdots, \hat{\beta}_p$이 산출되었다고 하자. 만약 H_0가 옳다면 관측자료

$$(y_i, x_{i1}^*, \cdots, x_{ip}),\ i = 1, \cdots, n$$

로 적합된 일반화선형모형의 계수 $\hat{\beta}_1^*, \cdots, \hat{\beta}_p^*$과 $\hat{\beta}_1, \cdots, \hat{\beta}_p$의 확률적 동등성이 기대된다. 여기서 $(x_{11}^*, \cdots, x_{n1}^*)$은 $(x_{11}, \cdots, x_{n1})$의 한 임의순열이다. 따라서 다음과 같이 (2)에 대한 임의화 검정을 할 수 있다.

1) $(x_{11}, \cdots, x_{n1})$을 임의 순열화하여 $(x_{11}^*, \cdots, x_{n1}^*)$을 생성한다. 나머지 변수들은 원자료와 같다.
2) 로지스틱 회귀모형을 적합하여 $\hat{\beta}_1^*, \cdots, \hat{\beta}_p^*$을 산출한다.
3) 앞의 두 단계를 $N(=1{,}000)$번 반복하면서 $\hat{\beta}_1^* \geq \hat{\beta}_1$의 빈도를 기록하고 최종 집계되면 N으로 나눈다. 그 값이 바로 임의화 검정의 p-값이다. 여기서 $\hat{\beta}_1$은 원자료로 적합된 β_1의 계수이다.

수치 예로서 MASS 라이브러리의 Pima.tr 데이터에 로지스틱 회귀모형을 적합하고 한 변수의 회귀 계수에 대하여 가설 검정을 하기로 한다. 이 자료는 Pima 인디언들의 당뇨병 여부에 관한 것으로 반응변수는 type (=y)이고 “Yes”(질병) 또

는 “No”(건강)이다. 설명변수는 npreg, glu, bmi, ped, age 등을 고려하기로 하고 특별히 생각할 변수는 npreg(임신 횟수)로 npreg의 회귀계수 β_1에 대하여

$$H_0 : \beta_1 = 0 \quad \text{vs.} \quad H_1 : \beta_1 > 0$$

을 설정하여 임의화 검정을 하여 보자. R 스크립트가 작성되었다 (resampling_logistic.r)

```
# resampling logistic regression
library(MASS)
data(Pima.tr)
str(Pima.tr)
Pima.tr$y <- ifelse(Pima.tr$type=="Yes",1,0)
model <- glm(y ~ npreg + glu + bmi + ped + age, family="binomial",
             data=Pima.tr)
npreg.hat <- model$coefficients["npreg"]
summary(model)

# randomization test
N <- 1000
npreg.rand <- rep(0,N)
n <- nrow(Pima.tr)
Pima.tr.star <- Pima.tr
for (k in 1:N) {
  indices <- sample(1:n)
  Pima.tr.star$npreg <- Pima.tr$npreg[indices]
  model <- glm(y ~ npreg + glu + bmi + ped + age,
               family="binomial", data=Pima.tr.star)
  npreg.rand[k] <- model$coefficients["npreg"]
}
p.value <- sum(npreg.rand >= npreg.hat)/N
p.value
```

산출된 p-값은 5% 수준에서 통계적으로 유의한 0.039이다.

붓스트랩 신뢰구간(Bootstrap confidence interval) 4: 로지스틱 회귀

앞의 로지스틱 회귀 모형에서 β_1 에 대한 95% 신뢰구간을 구해보자. 붓스트랩 방법은 다음과 같다.

1) 원자료 $(y_i, x_{i1}, \cdots, x_{ip})$, $i = 1, \cdots, n$ 를 복원추출 방식으로 같은 크기의 붓스트랩 표본을 만든다:
$$(y_i^*, x_{i1}^*, \cdots, x_{ip}^*),\ i = 1, \cdots, n$$
2) 로지스틱 회귀모형을 적합하여 $\hat{\beta}_1^*, \cdots, \hat{\beta}_p^*$ 을 산출한다.
3) 앞의 두 단계를 $N(=1{,}000)$ 번 반복하여 $\hat{\beta}_1^*$ 의 분포(히스토그램)를 구성한다.
4) 그 분포에서 $(0.025, 0.975)$ 분위수로 $(q_{0.025}, q_{0.975})$ 를 산출한다. 이것이 β_1 에 대한 95% 붓스트랩 신뢰구간이다.

Pima.tr 데이터 사례에서 붓스트랩 신뢰구간을 산출하기 위하여 다음 R 스크립트가 작성되었다.

```
# bootstrap analysis
N <- 1000
npreg.boot <- rep(0,N)
n <- nrow(Pima.tr)
for (k in 1:N) {
  indices <- sample(1:n, n, replace=TRUE)
  model <- glm(y ~ npreg + glu + bmi + ped + age, family="binomial",
      data=Pima.tr[indices,])
  npreg.boot[k] <- model$coefficients["npreg"]
}
npreg.ci <- quantile(npreg.boot, prob=c(0.025,0.975))
round(npreg.ci,4)
hist(npreg.boot)
text(npreg.ci[1],0,"|",col="red",cex=2)
text(npreg.ci[2],0,"|",col="red",cex=2)
```

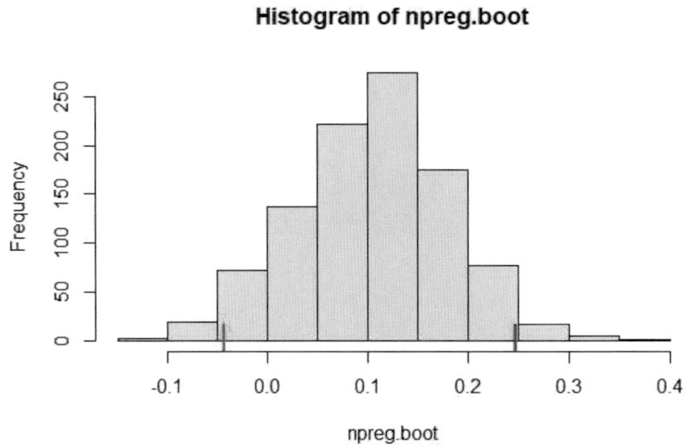

<그림 4> 재표집 회귀계수 $\hat{\beta}_1^*$의 붓스트랩 분포

95% 붓스트랩 신뢰구간이 $(-0.0437, 0.2471)$으로 산출되었다. <그림 4>를 보라.

연습문제

1. R `bootstrap` 팩키지의 `law82` 자료에는 미국 법학전문대학원 82개 학교의 LSAT 점수와 GPA 점수가 수록되어 있다. 이 중 15개 학교를 임의추출하여 관측표본을 구성하고 나서 다음 작업을 하라. 1) 임의화 검정으로 두 점수 간 모상관계수가 양의 부호인가를 검정할 것. 2) 붓스트랩 방법으로 두 점수 간 모상관계수에 대한 95% 신뢰구간을 구할 것.

2. R `bootstrap` 팩키지의 `diabetes` 자료에는 당뇨병 증세를 가진 43명 어린이의 나이(age)와 logCpeptide라는 혈액검사 수치가 실려 있다. 어린이들을 10세 기준으로 두 그룹(young, old)으로 나누어 다음 작업을 하라. 1) 임의화 검정으로 young 그룹에 비해 old 그룹의 logCpeptide가 평균적으로 큰가를

검정할 것. 2) 붓스트랩 방법으로 logCpeptide 평균의 그룹 간 차이에 대한 95% 신뢰구간을 구할 것.

3. R 코드로 제시된 두 독립 표본 차이에 관한 임의화 검정과 붓스트랩 신뢰구간을 Python 코드로 바꿔보라.

4. Pima.tr 데이터에 대한 로지스틱 회귀분석을 R 대신 Python으로 해보라 (임의화 검정과 붓스트랩 신뢰구간을 포함).

11장. 일반화선형모형

이 장은 선형회귀모형(linear regression model)과 일반화선형모형(generalized linear model)을 다룬다. R에서 알고리즘을 코딩하여 결과를 도출하고 내장함수 `lm()`과 `glm()`의 출력과 대조할 것이다. Python에서는 `ols()`와 `glm()`이다.

선형회귀모형

연속형 반응 Y에 대한 회귀모형으로

$$Y = \beta_0 + \beta_1 x_1 + \cdots + \beta_p x_p + \epsilon, \quad \epsilon \sim N(0, \sigma) \tag{1}$$

를 생각하고 모형 적합을 위해서 n개 개체에 대한 관측 데이터가 확보되었음을 전제한다.

$$(y_i, x_{i1}, \cdots, x_{ip}), \; i = 1, \cdots, n.$$

모형 (1)의 회귀계수 $\beta = (\beta_0, \beta_1, \cdots, \beta_p)^t$에 대한 최소제곱(LS) 추정값 $\hat{\beta}$은 정규 방정식(normal equation)이라고 불리는 선형연립방정식

$$X^t X \beta = X^t y$$

을 풀어 얻어진다. 여기서 $x_i = (1, x_{i1}, \cdots, x_{ip})^t$이고

$$X = \begin{pmatrix} \boldsymbol{x}_1^t \\ \vdots \\ \boldsymbol{x}_n^t \end{pmatrix}, \quad y = \begin{pmatrix} y_1 \\ \vdots \\ y_n \end{pmatrix}.$$

즉, $X^t X$가 full rank이면 역행렬이 존재하므로

$$\hat{\beta} = (X^t X)^{-1} X^t y$$

로 표현된다. 오차항의 분산 σ^2에 대한 추정값은 비편향 추정으로 얻는다:

$$\hat{\sigma}^2 = \frac{1}{n-p-1} (y - X\hat{\beta})^t (y - X\hat{\beta}).$$

LS 추정값 $\hat{\beta}$의 분산은 $V(\hat{\beta}) := \hat{\sigma}^2 (X^t X)^{-1}$로 추정된다.

예 1. R의 mtcars 데이터는 32종의 자동차에 관한 각종 특성 값을 담고 있다. 그 중 mpg는 자동차의 연료효율인데 이에 대한 선형회귀모형에서 am (auto transmission; 0,1), disp (displacement), wt (weight)를 설명변수로 고려하자. disp와 wt는 연속형 공변량이지만 am은 인자형(factor) 변수이므로 다음과 같이 가변수로 변환할 필요가 있다.

$$\text{am -> } \begin{cases} 1, & \text{if am} = 1, \\ 0, & \text{otherwise}. \end{cases}$$

다음은 선형회귀모형 적합을 해내는 R 코딩이다. 인자형 변수에 대한 가변수화는 nnet 라이브러리의 class.ind() 함수로 하였다.[1]

```
# R user coding: linear regression
data(mtcars)
library(nnet)
n <- nrow(mtcars); n
x_ones <- rep(1,n)
x_auto <- class.ind(mtcars$am)[,-1]
x_disp <- mtcars$disp
x_weight <- mtcars$wt

y <- mtcars$mpg
X <- cbind(x_ones, x_auto, x_disp, x_weight)

b <- solve(t(X)%*%X, t(X)%*%y)
s2 <- sum((y-X%*%b)^2)/(n-ncol(X))
s <- sqrt(s2); print(s,4)              # 2.967
V <- diag(solve(t(X)%*%X))
std.err <- s*sqrt(V)
coef_summary <- cbind(b,std.err)
colnames(coef_summary) <- c("coeffcient","std.error")
round(coef_summary,4)
```

1) class.ind() 함수는 k개 수준의 인자형 변수를 k개의 0,1 열(column)로 전환한다. 정규 방정식의 X^tX가 nonsingular(정칙; full rank)이도록 반환 행렬에서 첫 (또는 마지막) 열을 버린다.

출력:

```
         coeffcient std.error
x_ones      34.6759    3.2406
x_auto       0.1777    1.4843
x_disp      -0.0178    0.0094
x_weight    -3.2790    1.3275
```

R의 lm()은 선형회귀모형을 적합해내는 내장함수이다:

```
# linear regression using R's built-in function lm()
data(mtcars)
model <- lm(mpg ~ as.factor(am) + disp + wt, data=mtcars)
round(summary(model)$sigma,4)          # 2.9674
round(summary(model)$coefficients[,1:2],4)
```

출력:

```
               Estimate Std. Error
(Intercept)     34.6759     3.2406
as.factor(am)1   0.1777     1.4843
disp            -0.0178     0.0094
wt              -3.2790     1.3275
```

두 계산 결과가 같음이 확인된다.

Python 스크립트: statsmodels의 ols()의 활용

```
import pandas as pd
import statsmodels.api as sm
import statsmodels.formula.api as smf

# Load the dataset from R
mtcars = sm.datasets.get_rdataset("mtcars").data

# Create the linear regression model
model = smf.ols('mpg ~ C(am) + disp + wt', data=mtcars).fit()
```

```
# Print the standard error of the estimate (sigma)
print(round(model.scale ** 0.5, 4))                    # 2.9674

# Print the coefficients and their standard errors
coefficients = model.params
standard_errors = model.bse
coefficients_and_errors = pd.DataFrame(
  {'Coefficient': coefficients, 'Std Error': standard_errors})
print(coefficients_and_errors.round(4))
```

출력.

```
            Coefficient  Std Error
Intercept       34.6759     3.2406
C(am)[T.1]       0.1777     1.4843
disp            -0.0178     0.0094
wt              -3.2790     1.3275
```

로지스틱 회귀(logistic regression)

이항형 반응 $Y(=0,1)$에 대한 회귀모형으로

$$\log_e \frac{P\{Y=1 \mid x_1, \cdots, x_p\}}{P\{Y=0 \mid x_1, \cdots, x_p\}} = \beta_0 + \beta_1 x_1 + \cdots + \beta_p x_p \tag{2}$$

를 생각하고 모형 적합을 위해서 n개 개체에 대한 데이터가 확보되었다고 하자.

$$(y_i, x_{i1}, \cdots, x_{ip}),\ i = 1, \cdots, n.$$

이 절의 목적은 모형 (2)에 대한 최대가능도(maximum likelihood) 추정을 해서 $\hat{\beta}_0, \hat{\beta}_1, \cdots, \hat{\beta}_p$를 얻어내는 데 있다.

로그 가능도 함수부터 표현해보자.

$$l(\beta_0, \beta_1, \cdots, \beta_p) = \sum_{i=1}^{n} \{y_i \log_e p_i + (1-y_i) \log_e (1-p_i)\},$$

여기서 $p_i = \dfrac{e^{\eta_i}}{1+e^{\eta_i}}$, $\eta_i = \beta_0 + \beta_1 x_{i1} + \cdots + \beta_p x_{ip}$이다. $\boldsymbol{x}_i = (1, x_{i1}, \cdots, x_{ip})^t$,

$\beta = (\beta_0, \beta_1, \cdots, \beta_p)^t$로 표기하면, 선형 예측식 η_i는 $\eta_i = \boldsymbol{x}_i^t \beta$로 표현된다.

$$\frac{\partial}{\partial \beta} l(\beta) = \sum_{i=1}^{n} \boldsymbol{x}_i (y_i - p_i), \tag{3}$$

$$\frac{\partial^2}{\partial \beta \partial \beta^t} l(\beta) = -\sum_{i=1}^{n} \boldsymbol{x}_i \, p_i (1-p_i) \, \boldsymbol{x}_i^t \tag{4}$$

이므로[2], 뉴튼-라프슨 업데이팅 식으로 다음을 얻는다.

$$\beta_{\text{new}} = \beta_{\text{old}} + \left[\sum_{i=1}^{n} \boldsymbol{x}_i \, p_i (1-p_i) \, \boldsymbol{x}_i^t \right]^{-1} \left(\sum_{i=1}^{n} \boldsymbol{x}_i (y_i - p_i) \right).$$

여기서 $w_i := p_i(1-p_i)$로 놓으면

$$\begin{aligned}
\beta_{\text{new}} &= \left[\sum_{i=1}^{n} \boldsymbol{x}_i \, w_i \boldsymbol{x}_i^t \right]^{-1} \left(\sum_{i=1}^{n} \boldsymbol{x}_i \, w_i \boldsymbol{x}_i^t \beta_{\text{old}} + \sum_{i=1}^{n} \boldsymbol{x}_i w_i \frac{y_i - p_i}{w_i} \right) \\
&= \left[\sum_{i=1}^{n} \boldsymbol{x}_i \, w_i \boldsymbol{x}_i^t \right]^{-1} \left(\sum_{i=1}^{n} \boldsymbol{x}_i \, w_i \left(\boldsymbol{x}_i^t \beta_{\text{old}} + \frac{y_i - p_i}{w_i} \right) \right) \\
&= \left[\sum_{i=1}^{n} \boldsymbol{x}_i \, w_i \boldsymbol{x}_i^t \right]^{-1} \left(\sum_{i=1}^{n} \boldsymbol{x}_i \, w_i z_i \right),
\end{aligned} \tag{5}$$

여기서

$$z_i = \eta_{i,\,\text{old}} + \frac{y_i - p_i}{w_i}, \quad \eta_{i,\,\text{old}} = \boldsymbol{x}_i^t \beta_{\text{old}} \tag{6}$$

이다. 즉, 식 (5)를 거듭 적용하여 β의 추정값을 업데이팅하면 되는데, β_{new}는 선형연립방정식

$$\left[\sum_{i=1}^{n} \boldsymbol{x}_i \, w_i \boldsymbol{x}_i^t \right] \beta_{\text{new}} = \sum_{i=1}^{n} \boldsymbol{x}_i \, w_i z_i,$$

즉

$$(X^t D_w X) \beta_{\text{new}} = X^t D_w z \tag{7}$$

의 해이다. 여기서

$$X = \begin{pmatrix} \boldsymbol{x}_1^t \\ \vdots \\ \boldsymbol{x}_n^t \end{pmatrix}, \quad z = \begin{pmatrix} z_1 \\ \vdots \\ z_n \end{pmatrix}$$

이고 $z_1, \cdots, z_n$은 식 (6)의 그것이다.

---

2) 이 편미분 과정은 좀 복잡하다.

최종 업데이팅으로 얻은 최대가능도 추정값 $\hat{\beta}$ 에 대한 분산은[3)]

$$V(\hat{\beta}) = \left[\sum_{i=1}^{n} \boldsymbol{x}_i \, w_i \, \boldsymbol{x}_i^t \right]^{-1} = (X^t D_w X)^{-1}.$$

이상이 IRLS(iteratively re-weighted least squares)로 불리는 로지스틱 회귀 모형의 최대가능도 추정 알고리즘이다. IRLS 알고리즘은 로지스틱 모형 외에도 포아송 모형 등 일반화 선형모형의 추정에 약간의 변형으로 적용가능하다.

예 2. Pima 인디언 데이터

수치 예로서 MASS 라이브러리의 Pima.tr 데이터에 로지스틱 회귀모형을 생각하기로 한다. 이 자료는 Pima 인디언들의 당뇨병 여부에 관한 것으로 반응변수는 type (=y)이고 "Yes"(질병) 또는 "No"(건강)이다. 설명변수는 npreg, glu, bmi, ped, age 등을 고려하자. 다음이 로지스틱 회귀 모형의 최대가능도 추정을 위한 R 스크립트이다.

```
# R coding for logistic regression by IRLS
library(MASS)
data(Pima.tr)
str(Pima.tr)
n <- nrow(Pima.tr)
constant <- rep(1,n)
X <- as.matrix(cbind(constant,
      Pima.tr[,c("npreg","glu","bmi","ped","age")]))
y <- ifelse(Pima.tr$type=="Yes",1,0)
m <- ncol(X)
beta.0 <- rep(0,m)
delta <- 1
epsilon <- 1.e-4
while(delta > epsilon) {
  eta <- X%*%beta.0
  p <- exp(eta)/(1+exp(eta))
```

3) 이에 대한 수리통계학 이론에 따르면, $\hat{\beta}$의 분산은 Hessian 행렬의 역이다.

```
  w <- as.numeric(p*(1-p))
  z <- eta + (y-p)/w
  beta <- solve(t(X)%*%diag(w)%*%X,t(X)%*%diag(w)%*%z)
  delta <- max(abs(beta-beta.0))
  beta.0 <- beta
}
coefficient <- as.numeric(beta)
V <- solve(t(X)%*%diag(w)%*%X)
std.error <- sqrt(diag(V))
round(data.frame(coefficient=coefficient,std.error=std.error),4)
```

```
## 출력:
         coefficient std.error
constant     -9.9381    1.5416
npreg         0.1031    0.0645
glu           0.0318    0.0067
bmi           0.0797    0.0326
ped           1.8114    0.6610
age           0.0393    0.0210
```

R에서 로지스틱 회귀는 내장함수 glm(,family="binomial")으로 실행된다. 모형계수 추정값과 표준오차가 앞의 사용자 코딩의 출력과 같음이 확인된다.

```
# built-in glm(,family="binomial") for Pima Indians
Pima.tr$y <- ifelse(Pima.tr$type=="Yes",1,0)
model <- glm(y ~ npreg+glu+bmi+ped+age, family="binomial",
    data=Pima.tr)
npreg.hat <- model$coefficients["npreg"]
round(summary(model)$coefficients[,1:2],4)
```

```
## 출력:
            Estimate Std. Error
(Intercept)  -9.9381     1.5416
npreg         0.1031     0.0645
glu           0.0318     0.0067
bmi           0.0797     0.0326
```

```
ped          1.8114     0.6610
age          0.0393     0.0210
```

Python 스크립트: statsmodels의 glm()과 IRLS 알고리즘

```
# logistic regression in Python
import pandas as pd
import statsmodels.api as sm
import statsmodels.formula.api as smf

# Import the Pima.tr dataset from R
from statsmodels.datasets import get_rdataset
Pima_tr = get_rdataset("Pima.tr", "MASS").data

# Convert the 'type' column to a binary variable
Pima_tr['y'] = (Pima_tr['type'] == 'Yes').astype(int)

# Create the logistic regression model
model = smf.glm('y ~ npreg + glu + bmi + ped + age',
        family=sm.families.Binomial(), data=Pima_tr).fit()

# Print the coefficients and their standard errors
coefficients = model.summary2().tables[1][['Coef.','Std.Err.']]
print(coefficients.round(4))
```

출력.

```
             Coef.  Std.Err.
Intercept -9.9381    1.5416
npreg      0.1031    0.0645
glu        0.0318    0.0067
bmi        0.0797    0.0326
ped        1.8114    0.6610
age        0.0393    0.0210
```

```
# Logistic regression by IRLS

# Prepare the design matrix X and response variable y
X = np.column_stack((np.ones(len(Pima_tr)),
    Pima_tr[['npreg', 'glu', 'bmi', 'ped', 'age']].values))
y = Pima_tr['y'].values
beta = np.zeros(X.shape[1])

# Convergence criteria
delta = 1
epsilon = 1e-4
iter_count = 0

# IRLS algorithm
while delta > epsilon:
    eta = np.dot(X, beta)
    p = np.exp(eta) / (1 + np.exp(eta))
    W = np.diag(p * (1 - p))
    z = eta + (y - p) / (p * (1 - p))
    beta_new = np.linalg.solve(np.dot(X.T, np.dot(W, X)),
        np.dot(X.T, np.dot(W, z)))
    delta = np.max(np.abs(beta_new - beta))
    beta = beta_new
    iter_count += 1

# Display results
print(f"Coefficients: {beta}")

# Calculating standard errors
V = np.linalg.inv(np.dot(X.T, np.dot(W, X)))
std_errors = np.sqrt(np.diag(V))

# Displaying coefficients and standard errors
coef_se = pd.DataFrame({'Coefficient':beta,'Std.Error':std_errors})
print(coef_se.round(4))
```

포아송 회귀(Poisson regression)*

도수형(度數型, count) 반응 $Y(=0,1,2,\cdots)$에 대한 회귀모형으로

$$Y \mid x_1, \cdots, x_p \sim \text{Poisson}(e^{\beta_0+\beta_1 x_1+\cdots+\beta_p x_p})$$

을 생각하고4) 모형 적합을 위해서 n개 개체 데이터가 확보되었다고 하자.

$$(y_i, x_{i1}, \cdots, x_{ip}),\ i=1,\cdots,n.$$

로그 가능도는 다음과 같이 표현된다.

$$l(\beta_0,\beta_1,\cdots,\beta_p)=\sum_{i=1}^{n}(y_i\eta_i-\mu_i),$$

여기서 $\eta_i=\beta_0+\beta_1 x_{i1}+\cdots+\beta_p x_{ip}=\boldsymbol{x}_i^t\boldsymbol{\beta}$, $\mu_i=e^{\eta_i}$이다. 따라서

$$\frac{\partial}{\partial\boldsymbol{\beta}}l(\boldsymbol{\beta})=\sum_{i=1}^{n}\boldsymbol{x}_i(y_i-\mu_i), \tag{8}$$

$$\frac{\partial^2}{\partial\boldsymbol{\beta}\,\partial\boldsymbol{\beta}^t}l(\boldsymbol{\beta})=-\sum_{i=1}^{n}\boldsymbol{x}_i\mu_i\boldsymbol{x}_i^t \tag{9}$$

이므로, 뉴튼-라프슨 식으루 로지스틱 히귀에서의 (7)과 같은

$$(X^t D_w X)\boldsymbol{\beta}_{\text{new}}=X^t D_w \boldsymbol{z}, \tag{10}$$

여기서

$$z_i=\eta_{i,\text{old}}+\frac{y_i-\mu_i}{w_i},\quad \eta_{i,\text{old}}=\boldsymbol{x}_i^t\boldsymbol{\beta}_{\text{old}},\quad w_i:=\mu_i$$

이다. 즉, 로지스틱 회귀에 적용되는 IRLS 알고리즘에서 p_i 대신 μ_i를, w_i의 정의를 $p_i(1-p_i)$에서 μ_i로 대치하는 정도의 변형으로 포아송 회귀가 적합 된다.

예 3. ChickWeight 데이터

이 데이터는 닭의 사육에서 얻어졌는데 개체 수는 578$(=n)$이다. 목표변수$(=y)$는 체중 weight이고 이에 영향을 주는 예측변수로 시간 Time과 사료 Diet (4종)를 고려하기로 한다. 목표변수 y의 히스토그램을 본 결과 <그림 1>과 같이 skew된 모습을 보였고 그런 이유로 포아송 회귀를 고려하였다. 변수

4) $(x_1,\cdots,x_p)$ 개체에서 Y의 기댓값이 $e^{\beta_0+\beta_1 x_1+\cdots+\beta_p x_p}$이다.

Diet는 4개 수준의 인자형이므로 nnet::class.ind()를 써서 4개의 0,1 열로 변환하였고 정칙성을 위하여 첫 열을 버렸다.

```
# Poisson regression
data(ChickWeight)
str(ChickWeight)
hist(ChickWeight$weight, xlab="y")

# R coding for Poisson regression by IRLS
library(nnet)
n <- nrow(ChickWeight)
constant <- rep(1,n)
x.Time <- ChickWeight$Time
x.Diet <- class.ind(ChickWeight$Diet)
colnames(x.Diet) <- paste("Diet",1:4,sep="")
X <- as.matrix(cbind(constant, x.Time, x.Diet[,-1]))
y <- ChickWeight$weight
m <- ncol(X)
beta.0 <- c(log(mean(y)),rep(0,m-1))
delta <- 1
epsilon <- 1.e-4
iter <- 0
while(delta > epsilon) {
  eta <- X %*% beta.0
  mu <- as.numeric(exp(eta))
  w <- mu
  z <- eta + (y - mu)/w
  beta <- solve(t(X)%*%diag(w)%*% X, t(X)%*%diag(w)%*% z)
  delta <- max(abs(beta - beta.0))
  beta.0 <- beta
  iter <- iter + 1
}
iter
coefficient <- as.numeric(beta)
```

```
V <- solve(t(X) %*% diag(w) %*% X)
std.error <- sqrt(diag(V))
round(data.frame(coef=coefficient, std.error=std.error),4)
```

```
## 출력:
           coef std.error
constant 3.7047    0.0107
x.Time   0.0761    0.0006
Diet2    0.1450    0.0106
Diet3    0.2985    0.0101
Diet4    0.2573    0.0103
```

R의 내장함수 `glm(,family="poisson")`이 포아송 회귀를 해낸다.

```
# Poisson regression by glm()
model <- glm(weight~Time+Diet,family="poisson",data=ChickWeight)
round(summary(model)$coefficients[,1:2],4)
```

```
## 출력:
            Estimate Std. Error
(Intercept)   3.7047     0.0107
Time          0.0761     0.0006
Diet2         0.1450     0.0106
Diet3         0.2985     0.0101
Diet4         0.2573     0.0103
```

모형계수 추정값과 표준오차가 앞의 사용자 코딩의 출력과 같음이 확인된다.

Python 스크립트: `statsmodels`의 `glm()` 활용

```
# Poisson regression by Python
import pandas as pd
import statsmodels.api as sm
import statsmodels.formula.api as smf

# Load the ChickWeight dataset from R
```

```
from statsmodels.datasets import get_rdataset
ChickWeight = get_rdataset("ChickWeight", "datasets").data

# Create the Poisson regression model
model = smf.glm('weight ~ Time + C(Diet)',
      family=sm.families.Poisson(), data=ChickWeight).fit()

# Print the coefficients and their standard errors
coefficients = model.summary2().tables[1][['Coef.','Std.Err.']]
print(coefficients.round(4))
```

출력.

```
              Coef.  Std.Err.
Intercept     3.7047   0.0107
C(Diet)[T.2]  0.1450   0.0106
C(Diet)[T.3]  0.2985   0.0101
C(Diet)[T.4]  0.2573   0.0103
Time          0.0761   0.0006
```

연습문제

1. mtcars 데이터에서 mpg에 대한 선형 회귀모형에서 cyl (cylinders; 3개 범주)를 am (automatic transmission; 2개 범주) 대신 고려하고자 한다. 연속형 공변량으로 고려할 변수는 disp와 wt이다. R 사용자 코딩으로 모형적합 결과를 제시하라. 그리고 내장함수 `lm()`의 출력과 비교하라.

2. 선형회귀분석을 Python 사용자 코딩으로 제시하라.

3. 포아송 회귀분석을 Python 사용자 코딩으로 제시하라.

4. Pima 인디언 데이터에서 설명변수 npreg, glu, bmi, ped, age를 표준화 변환하여 대한 로지스틱 회귀모형에 투입하여 결과를 산출하라. (9장에서 얻은 MCMC 결과와 대조하여 보라.)

12장. 군집화

군집화(群集化, clustering)은 n개의 p변량 개체를 유사한 것들끼리 모으는 통계적 방법이다. 이 장은 k-평균 군집화(k-means clustering)와 혼합정규분포 군집화(normal mixtures clustering)을 다룬다.

전처리(pre-processing)

n개의 개체들에서 p개 변수가 측정되었다고 하고 다음과 같이 표기하자.

$x_1, \cdots, x_n$: 원표본 데이터,

$x_i = (x_{i1}, \cdots, x_{ip})^t$: 개체 i 의 관측값 벡터, $i = 1, \cdots, n$.

개체 간 i와 개체 i' 간 거리를 다음과 같이 정의한다.

$$d(x_i, x_{i'}) = \sqrt{\sum_{j=1}^{p} (x_{ij} - x_{i'j})^2}. \tag{1}$$

위 정의는 "유클리드 거리"이고 이외에 개체 간 거리로 L_1 (맨하튼, 시티블록) norm, L_∞ (maximum) norm 등이 있다. 정의 (1)이 의미가 있으려면 p개 측정 변수의 척도가 균일해야 한다. 이를 위해서, 사전에 변수 표준화를 한다.

1) 평균-표준편차 표준화: 변수 X_j의 평균을 m_j, 표준편차를 s_j로 표기할 때

$$x_{ij} \rightarrow x^*_{ij} = \frac{x_{ij} - m_j}{s_j}, \ i = 1, \cdots, n.$$

- 결과적으로 모든 변수가 평균 0, 표준편차 1을 갖는다.

2) 범위 표준화: 변수 X_j의 최소값을 a_j, 최대값을 b_j로 표기할 때

$$x_{ij} \rightarrow x^*_{ij} = \frac{x_{ij} - a_j}{b_j - a_j}, \ i = 1, \cdots, n.$$

- 결과적으로 모든 변수가 최소값 0, 최대값 1을 갖는다.

k-평균 군집화

k-평균 군집화(k-means clustering)는 n개의 개체들을 k개의 그룹으로 묶어내는 반복적인 알고리즘이다:

[1] n개 개체에서 k개를 비중복 추출하여 각각을 그룹의 중심으로 설정한다.

[2] 모든 개체들에 대하여 가장 가까운 그룹 중심을 찾아 그 그룹에 소속시킨다.

[3] 모든 그룹에 대하여 그룹 중심을 소속 개체들의 평균으로 업데이트한다.

[4] 모든 그룹에 대하여 새 중심이 옛 중심과 차이가 없으면 작업을 종료한다. 그렇지 않으면 [2]로 돌아간다.

이 알고리즘의 목표는

$$\text{minimize} \sum_{h=1}^{k} \sum_{i \in G_h} d^2(\boldsymbol{x}_i, \boldsymbol{m}_h)$$

에 있다 (여기서 $\boldsymbol{m}_h$는 그룹 h의 중심이고 G_h는 그룹 h를 지칭). 이 알고리즘은 계산적으로 효율적이지만 대역적 최적 해에 도달하지 않을 수 있으므로 알고리즘을 처음부터 여러 번(=nstart) 반복하여 더 나은 해를 얻어낸다.

예 1. Boston {MASS} 데이터에서 13개 공변량 자료(중간주택가격 medv 제외)에 $k=4$인 k-평균 군집화를 적용해 보자. 이 작업이 성공적인 경우, 도출될 군집이 가격 외 주거지역 특성을 잘 드러낼 것으로 기대할 수 있겠다.

다음이 R 코딩이다 (nstart=10회 반복, clustering k-means.r).

```
# k means clustering
library(MASS)
data(Boston)
X <- Boston[,-14]
Z <- scale(X)
k <- 4
n <- nrow(Z)
```

```
nstart <- 10
ds <- function(z, c) sum((z-c)*(z-c))     # squared distance

epsilon <- 1e-4
set.seed(1)
for (iter in 1:nstart) {
  k.indices <- sample(1:nrow(Z), k, replace=FALSE)
  C <- Z[k.indices,]
  D <- matrix(0, n, k)
  for (i in 1:n) {
    for (j in 1:k) {
       D[i,j] <- ds(Z[i,],C[j,])
    }
  }
  cluster <- apply(D, 1, which.min)
  S.0 <- sum(apply(D, 1, min))
  for (j in 1:k) {
    C[j,] <- apply(Z[cluster==j,], 2, mean)
  }
  delta <- 1

  while (delta > epsilon) {                        # 단계 2, 단계 3
    for (i in 1:n) {
      for (j in 1:k) {
         D[i,j] <- ds(Z[i,],C[j,])
      }
    }
    cluster <- apply(D, 1, which.min)
    S <- sum(apply(D, 1, min))
    for (j in 1:k) {
      C[j,] <- apply(Z[cluster==j,], 2, mean)
    }
    delta <- abs(S - S.0)
    S.0 <- S
  }
  if(iter==1) {                                    # nstart 부분
```

```
    S.min <- S
    km.cluster <- cluster
    km.iter <- 1
    Centers <- C
  }
  else {
    if(S < S.min) {
      S.min <- S
      km.cluster <- cluster
      km.iter <- iter
      Centers <- C
    }
  }
}
S.min                         # 3092.401  (그룹 내 제곱 합)
km.iter                       # 6
row.names(Centers) <- paste("cluster_",1:k,sep="")
round(Centers,3)              # 군집 중심
```

```
##              crim     zn  indus   chas    nox ... ptratio  black  lstat
## cluster_1 -0.412  1.812 -1.085 -0.228 -1.138 ...  -0.704  0.356 -0.882
## cluster_2 -0.199 -0.260  0.280  3.665  0.383 ...  -0.392  0.172 -0.164
## cluster_3 -0.377 -0.331 -0.355 -0.272 -0.321 ...  -0.100  0.286 -0.258
## cluster_4  0.867 -0.487  1.117 -0.272  1.072 ...   0.653 -0.688  0.950
```

```
table(km.cluster)             # 군집크기
```

```
## km.cluster
##  1   2   3   4
## 88  34 233 151
```

다음은 군집화 이후 활용과정이다. 지금까지 쓰지 않았던 외적 변수인 medv (주택가격)와 연관성을 살펴보자.

```
# post-analysis
y <- Boston[,14]
boxplot(y ~ km.cluster, main="medv by clusters")
```

<그림 1>이 그래프 출력이다. 군집 1에서 주택가격이 높고 군집 4에서 낮다.

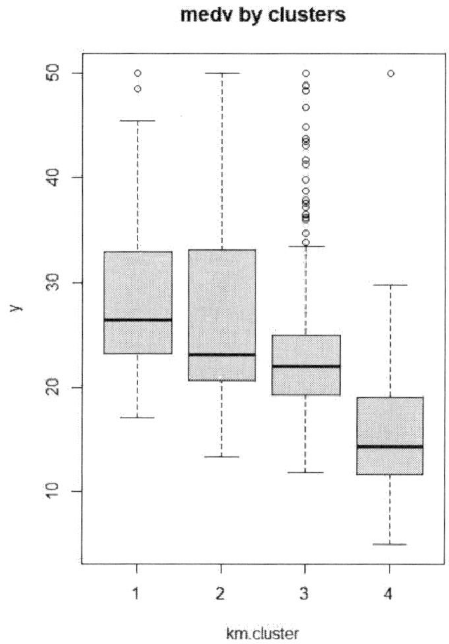

<그림 1> k-평균 군집화의 결과: medv의 비교

R에 k-평균 군집화를 위한 내장함수로 kmeans()가 있다. 군집 레이블이 바뀌었을 뿐 실실석 결과는 별 차이가 없다.

```
# using R's built-in function kmeans()
km <- kmeans(Z, centers=k, nstart=nstart)
km$tot.withinss                        # 3092.326

table(km$cluster)
##   1   2   3   4
## 152  88  34 232

round(km$centers,3)
##     crim     zn  indus   chas    nox   ...   black  lstat
## 1  0.859 -0.487  1.120 -0.272  1.069   ...  -0.681  0.945
## 2 -0.412  1.812 -1.085 -0.228 -1.138   ...   0.356 -0.882
## 3 -0.199 -0.260  0.280  3.665  0.383   ...   0.172 -0.164
## 4 -0.377 -0.330 -0.363 -0.272 -0.325   ...   0.286 -0.261
```

Python 스크립트: sklearn의 KMeans()

```
# k-means clustering into k=4 groups
import pandas as pd
from sklearn.cluster import KMeans
from sklearn.preprocessing import scale
import numpy as np
# Load the Boston dataset from R MASS library
from statsmodels.datasets import get_rdataset
Boston = get_rdataset("Boston", "MASS").data
# Prepare the data by removing the 14th column and scaling
X = Boston.drop(columns=Boston.columns[-1])
Z = scale(X)
# Perform k-means clustering
k = 4
nstart = 10
km = KMeans(n_clusters=k, n_init=nstart).fit(Z)
# Total within-cluster sum of square
print(km.inertia_)                    # 3098.358040224017
# Table of cluster sizes
print(np.bincount(km.labels_))
# Round the cluster centers to three decimal places
print(np.round(km.cluster_centers_, 3))

# Create a boxplot of MEDV by cluster
Boston['cluster'] = km.labels_
import matplotlib.pyplot as plt
plt.figure(figsize=(8, 6))
plt.boxplot([Boston['medv'][Boston['cluster'] == i]
    for i in range(k)])
plt.title('MEDV by Clusters')
plt.xlabel('Cluster')
plt.ylabel('medv')
plt.xticks(ticks=range(1, k + 1),
    labels=['Cluster {}'.format(i+1) for i in range(k)])
plt.show()
```

혼합정규분포 모형

p-변량 정규분포를 따르는 x는 다음 확률밀도를 갖는다:

$$f(x;\,\mu,\,\Sigma) = \frac{1}{(2\pi)^{p/2}\,|\,\Sigma\,|^{1/2}}\,e^{-\frac{1}{2}(x-\mu)^t\Sigma^{-1}(x-\mu)}\,.$$

이 함수는 μ에서 꼭대기를 갖는 산봉우리의 모습을 취한다. Σ는 공분산 행렬이다. 이런 확률모형은 관측 데이터의 원천이 단일한 경우에 적합하다. 데이터의 원천(source)이 단일하다고 보기 어려운 경우에는, p-변량 x에 대한 확률모형으로 혼합정규분포(normal mixtures)

$$f_{mixed}(x) = \sum_{j=1}^{k}\pi_j f(x;\mu_j,\,\Sigma_j),\quad \sum_{j=1}^{k}\pi_j = 1,\ \pi_j > 0$$

을 생각하자 (원천 $j\,(=1,2,\,\cdots\,,k)$는 구성 비율이 π_j이고 $N(\mu_j\,,\Sigma_j)$이다.

여기서는 혼합정규분포 모형에서 가장 간단한 경우에서 시작 한다. $p=1$, $k=2$인 혼합정규분포

$$N(\mu_1\,,\sigma_1)\ \text{with probability}\ \pi_1,\ N(\mu_2\,,\sigma_2)\ \text{with probability}\ \pi_2$$

를 생각하자. 이제 목표는 2개의 일변량 정규분포 $N(\mu_1\,,\sigma_1)$과 $N(\mu_2\,,\sigma_2)$를 추정하고 두 원천의 구성 비율 π_1,π_2를 찾아내는 것이다 ($\pi_1+\pi_2=1$).

이를 위해 EM 알고리즘[1]을 적용하기로 한다.

[0] 초기화: k-평균 군집화 ($k=2$)를 하여 군집 중심을 μ_1,μ_2의 초기 추정값으로 한다. 표준편차 σ_1,σ_2도 군집 내 표준편차로 추정한다. π_1,π_2의 초기값을 0.5로 놓는다.

[1] E-단계: 개체 $i\,(=1,2,\,\cdots\,,n)$가 원천 $j\,(=1,2)$에서 왔을 확률 π_{ij}를 베이즈 공식을 적용하여 추정한다.

$$\pi_{j\,|\,x_i} = \frac{\pi_j f(x_i;\hat{\mu}_j,\,\hat{\sigma}_j)}{\pi_1 f(x_i;\hat{\mu}_1,\,\hat{\sigma}_1) + \pi_2 f(x_i;\hat{\mu}_2,\,\hat{\sigma}_2)}\quad (:=\pi_{ij})\,.$$

1) Expectation-Maximization

[2] M-단계: $\{\pi_{ij}; i=1, \cdots, n; j=1,2\}$를 활용하여 μ_1, μ_2와 σ_1, σ_2의 추정값을 업데이트 한다 (최대가능도 추정).

$$\hat{\mu}_j = \sum_{i=1}^{n} \pi_{ij} x_i \,/ \sum_{i=1}^{n} \pi_{ij}, \ j=1,2,$$

$$\hat{\sigma}_j = \sum_{i=1}^{n} \pi_{ij} (x_i - \hat{\mu}_j)^2 / \sum_{i=1}^{n} \pi_{ij}, \ j=1,2.$$

추정값의 업데이트가 미미하면 알고리즘을 종료한다. 그렇지 않으면 단계 [1]로 돌아간다.

예 2. geyser {MASS} 데이터의 waiting 변수에 $k=2$인 혼합정규분포 모형을 적합해보자. <그림 2>가 waiting의 히스토그램이다 (clustering mixture normal.r).

```
library(MASS)
data(geyser)
str(geyser)
x <- geyser$waiting
hist(x)
```

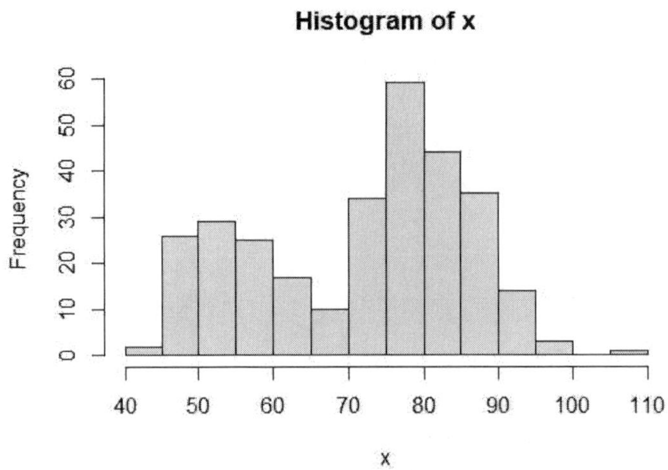

<그림 2> waiting의 히스토그램

```
# initialization
km <- kmeans(x, 2)
mu <- km$centers
sigmasq <- km$withinss/(km$size-1)
sigma <- sqrt(sigmasq)
data.frame(mu=mu, sigma=sigma)
mu.1 <- mu[1]
mu.2 <- mu[2]
sigma.1 <- sigma[1]
sigma.2 <- sigma[2]

n <- length(x)
pi.1 <- 0.5
delta <- 1.e-3
iter <- 0

# E-step and M-step
while (delta > 1.e-4) {
    pi.2 <- 1 - pi.1
    lik.1 <- 1/sigma.1*exp(-0.5/(sigma.1^2) * (x - mu.1)^2)
    lik.2 <- 1/sigma.2*exp(-0.5/(sigma.2^2) * (x - mu.2)^2)
    # E-step
    pi.1.unit <- pi.1*lik.1/(pi.1*lik.1 + (1-pi.1)*lik.2)
    pi.2.unit <- 1 - pi.1.unit
    # M-step
    mu.1.new <- sum(pi.1.unit * x)/sum(pi.1.unit)
    mu.2.new <- sum(pi.2.unit * x)/sum(pi.2.unit)
    sigma.1 <- sqrt(sum(pi.1.unit*(x-mu.1.new)^2)/sum(pi.1.unit))
    sigma.2 <- sqrt(sum(pi.2.unit*(x-mu.2.new)^2)/sum(pi.2.unit))
    # preparing the next step
    delta <- abs(mu.1.new - mu.1) + abs(mu.2.new - mu.2)
    mu.1 <- mu.1.new
    mu.2 <- mu.2.new
    pi.1 <- sum(pi.1.unit)/n
    iter <- iter + 1
}
```

```
# output
round(c(mu.1, mu.2),4)                  #  54.2028, 80.3604
round(c(sigma.1^2, sigma.2^2),4)        #  24.5234, 56.3630
round(c(pi.1, 1-pi.1),4)                #  0.3076,  0.6924
iter                                    #  34
```

최종 출력은 이 데이터가 군집 1: $N(54.2, \sqrt{24.5})$, 구성비율 31%와 군집 2: $N(80.4, \sqrt{56.4})$, 구성비율 69%의 혼합으로 볼 수 있음을 알려준다. <그림 2>에 맞춰 보면 충분히 수긍할 수 있는 결론이다.

R에 혼합정규분포 분석을 위한 내장함수로 mclust::Mclust 함수가 있다. 다음이 geyser$waiting (=x) 변수에 2개(=G) 군집을 지정한 Mclust() 코딩이다. 분석결과는 앞과 거의 같다.

```
# mclust::Mclust
library(mclust)
mixture <- Mclust(x,G=2)
summary(mixture)
mixture$parameters
## $mean                   [1] 54.26362,  80.40837
## $variance               [1] 25.00480,  55.69395
## $pro                    [1] 0.3095838, 0.6904162
```

<그림 3>에서 geyser 데이터의 이변량 관측 (waiting, duration)에 대한 산점도를 보면 Mclust()에 3개(=G) 군집을 지정하는 것이 맞아 보인다.

```
mixture <- Mclust(geyser, G=3)
summary(mixture)
```

다음이 도출 모형에 대한 요약이다.

```
Gaussian finite mixture model fitted by EM algorithm
Mclust EEI (diagonal, equal volume and shape) model with 3 components:
 log-likelihood   n df       BIC        ICL
      -1371.823 299 10 -2800.65 -2814.577
```

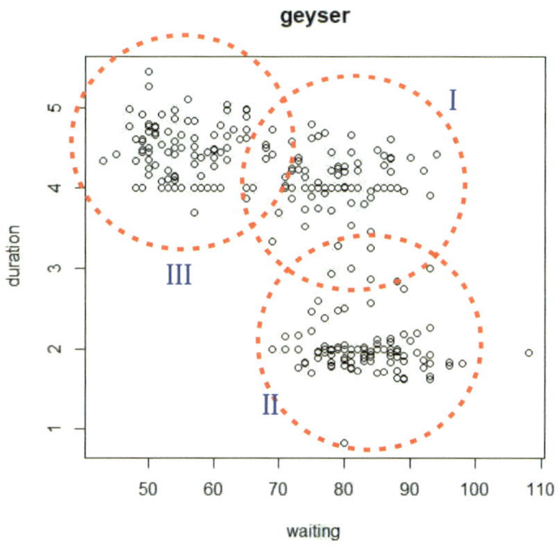

<그림 3> geyser 데이터의 산점도: 로마숫자 I, II, III은 군집 레이블

앞의 출력에서 "EEI" 모형은 개별 군집들의 공분산 행렬의 형태와 부피가 동일하고 분석 변량들이 독립적이라는 것을 말한다. `mixture$parameters`는 다음과 같이 나왔다.

```
$pro                                          # 구성비율
[1] 0.3038335 0.3562599 0.3399065

$mean                                         # 군집 중심
             [,1]      [,2]      [,3]
waiting  78.548233 83.256212 55.273847
duration  4.082717  1.995076  4.441167

$variance$Sigma                               # 군집 공분산 행렬 (공통)
          waiting  duration
waiting  39.13383 0.0000000
duration  0.00000 0.1036985
```

<그림 1>에 군집 레이블을 로마 숫자 I, II, III으로 넣었다. 군집 I은 waiting과 duration이 모두 크고 군집 II는 waiting은 크지만 duration이 작다. 그리

고 군집 III은 waiting이 작지만 duration이 크다. 그런 점에서 군집 II와 군집 III은 대조적이다. geyser 데이터가 개체 배열이 시간 순서라는 가정 하에 군집 변화의 패턴을 다음 교차표에서 보자. 흥미롭게도, 군집 II 다음엔 거의 확실히 군집 III이다. 군집 III에서 다시 군집 III이 반복되지 않는다. 군집 I에서 군집 III으로 가는 경우도 거의 없다.

```
> table(mixture$classification[1:298],mixture$classification[2:299])

     1   2   3
 1  53  37   1
 2   6   0 100
 3  31  70   0
```

Python 스크립트:[2] sklearn의 GaussianMixture()

```
# Mixture normal distribution model of geyser data
import pandas as pd
from sklearn.mixture import GaussianMixture

# Load the Boston dataset from R MASS library
from statsmodels.datasets import get_rdataset
geyser = get_rdataset("geyser", "MASS").data

# Perform Gaussian Mixture Modeling, 3 components
n_components = 3
mixture = GaussianMixture(n_components=n_components,
    covariance_type='diag', random_state=0).fit(geyser)

# Print summary of the mixture model
print("Number of components:", mixture.n_components)
print("Means:\n", mixture.means_)
print("Covariances:\n", mixture.covariances_)
print("Weights:\n", mixture.weights_)
```

2) 파이썬의 GaussianMixture()는 R의 mclust::Mclust()와 차이가 있다.

출력.

```
Number of components: 3
Means:
 [[78.73487985  4.04020805]
 [55.1564276   4.43991129]
 [83.19857581  1.95986433]]
Covariances:
 [[40.65041102  0.14777595]
 [32.71413677  0.12348456]
 [44.10607333  0.05950624]]
Weights:
 [0.31938758 0.33729746 0.34331496]
```

```
# Create a table of classifications
import pandas as pd
geyser['classification'] = mixture.predict(geyser)

classification_shifted = geyser['classification'].shift(-1)
cross_table = pd.crosstab(geyser['classification'][:-1],
    classification_shifted[:-1])
print(cross_table)
```

출력.

```
classification  0.0  1.0  2.0
classification
0                61    1   37
1                33    0   65
2                 4   97    0
```

연습문제

1. MASS 라이브러리의 Boston 데이터에 대하여 군집 수가 4인 k-평균 군집화의 결과와 원천 수가 4인 혼합정규분포 모형의 결과 간 정합도를 교차표를 통해 살펴보라. 단, medv 변수는 군집화에서 쓰지 않는다.

2. rattle 라이브러리의 wine 데이터에 대하여 군집 수가 3인 k-평균 군집화의 결과와 원천 수가 3인 혼합정규분포 모형의 결과 간 정합도를 살펴보라. 단, Type 변수는 군집화에서 쓰지 않는다. 또한 각 군집화 결과와 포도주의 Type 간 정합도를 살펴보라.

참고문헌

박동련 (2006). <R에 의한 통계 그래픽스>. 자유아카데미.

* R 그래프 작성의 기술적 세부 사항을 알고자 할 때 도움이 된다.

심송용 (2006). <통계계산>. 교우사.

* 수치해석 분야에서 양질의 도움을 받을 수 있는 책이다. 수학적 수준이 높다.

유충현, 이상호, 김정일 (2005). <R 그래픽스>. 자유아카데미.

* R 그래프 작성의 기술적 세부 사항을 알고자 할 때 도움이 된다.

폴 티터 지음, 이제원 옮김. (2012). <R Cookbook>. 인사이트.

* R의 세부 사항을 알고자 할 때 도움이 된다. 말 그대로 쿠킹 북이다.

허명회 (2011). <R을 활용한 탐색적 자료분석> 개정판. 자유아카데미.

* R의 기초를 익히고자 한다면 1장의 R 언어를 공부하라.

허문열, 이승천, 차경준, 박종선, 유종영 (2005). <R과 통계계산>. 박영사.

* 통계계산의 학습서로서 좋은 책이다.

Mittal, H.V. (2011). R Graphs Cookbook. Packt Publishing.

Monahan, J.F. (2001). Numerical Methods of Statistics. Cambridge University Press.

Murrell, P. (2006). R Graphics. Chapman and Hall.

Rizzo, M.L. (2008). Statistical Computing with R. Chapman and Hall.

최병선 (2016). 금융공학 IV: Monte Carlo Methods for Finance and Economics, https://s-space.snu.ac.kr/handle/10371/98466. (무료 다운로드)

* 통계계산에서 가장 편리하면서도 좋은 정보원은 Wikipedia과 ChatGPT 4이다. 개정판을 내면서 크게 참고가 되었다.

찾아보기

저자 소개

허명회(許明會)
서울대학교 자연과학대학 계산통계학과 (졸업)
미국 스탠포드 대학교 통계학과 대학원 박사과정 (통계학 Ph.D.)
고려대학교 정경대학 통계학과 조교수, 부교수, 교수
성신여자대학교 교양교육대학 석좌교수
현) 고려대학교 데이터과학원 석좌교수

저서
R을 활용한 사회네트워크분석 입문
법과 통계학
수리통계학 강의
데이터과학 입문과 토픽
데이터과학 입문: R과 Python의 활용
R을 활용한 탐색적 자료분석 제3판 외 여러 권

E-mail: stat420@korea.ac.kr

R과 Python을 활용한
통계계산 개정판

저 자 허명회
발 행 인 김시영
발 행 처 자유아카데미
주 소 경기도 파주시 회동길 37-42
파주출판도시
전 화 031-955-1321
팩 스 031-955-1322
홈페이지 www.freeaca.com
전자우편 main@freeaca.com (대표)
editor@freeaca.com (편집)
crm@freeaca.com (영업)
등 록 제406-2003-017호, 1980. 7. 12
제2판1쇄 2024년 3월 29일 발행

ISBN 979-11-5808-600-8 93310